밥상머리 교육에서 시작하는
우리 아이의 미래

밥상머리 교육에서 시작하는
우리 아이의 미래

초판 1쇄 발행 2025년 11월 1일

지 은 이	신종우
발 행 인	권선복
편 집	권보송
디 자 인	김소영
전 자 책	서보미
마 케 팅	권보송
발 행 처	도서출판 행복에너지
출판등록	제315-2011-000035호
주 소	(157-010) 서울특별시 강서구 화곡로 232
전 화	0505-613-6133
팩 스	0303-0799-1560
홈페이지	www.happybook.or.kr
이 메 일	ksbdata@daum.net

값 20,000원

ISBN 979-11-994420-8-5 (03370)

Copyright ⓒ 신종우, 2025

* 이 책은 저작권법에 따라 보호받는 저작물이므로 무단전재와 무단복제를 금지하며, 이 책의 내용을 전부 또는 일부를 이용하시려면 반드시 저작권자와 〈도서출판 행복에너지〉의 서면 동의를 받아야 합니다.
* 잘못된 책은 구입하신 곳에서 바꾸어 드립니다.

도서출판 행복에너지는 독자 여러분의 아이디어와 원고 투고를 기다립니다. 책으로 만들기를 원하는 콘텐츠가 있으신 분은 이메일이나 홈페이지를 통해 간단한 기획서와 기획의도, 연락처 등을 보내주십시오. 행복에너지의 문은 언제나 활짝 열려 있습니다.

밥상머리 교육에서 시작하는
우리 아이의 미래

부모의 말 한마디, 아이의 인생을 바꾼다

신종우 지음

도서
출판 행복에너지

프롤로그

　이 책은 단순한 식사 이야기가 아닙니다. 밥상머리, 즉 가족이 함께 모여 음식을 나누고 대화하는 그 순간이, 자녀의 미래를 결정짓는 중요한 교육의 장이라는 사실을 말하고자 합니다. 현대 사회에서는 점점 사라져 가는 밥상머리 문화 속에 숨겨진 가치와 교육적 가능성을 조명하며, 우리가 잊고 지냈던 일상 속 소중한 시간을 다시금 발견하려는 시도입니다.

　오늘날 우리는 바쁜 일상 속에서 가족과 함께 식사하는 시간조차 쉽게 포기합니다. 혼밥 문화의 확산, 디지털 기기의 사용 증가, 외식과 배달 음식의 편리함 등으로 인해 가족이 함께 모이는 밥상머리는 점점 사라지고 있습니다. 하지만 밥상머리는 단지 음식을 먹는 공간이 아니라, 자녀에게 세상을 배우게 하고 가치관을 형성하게 하는 첫 번째 학교입니다. 부모의 한 마디 대화는 자녀의 마음속 깊이 새겨지고, 꿈과 목표를 세우는 데 중요한 영향을 미칩니다.

이 책은 총 6부로 구성되어 있습니다. 1부에서는 밥상머리가 왜 중요한지를 설명하며, 밥상머리가 단순한 식사 시간이 아닌 자녀의 정서 발달과 사회성 함양에 기여함을 강조합니다. 밥상머리는 예절과 공감, 경청 능력, 타인을 존중하는 마음가짐 같은 삶의 기본기를 배우는 자리이며, 자녀에게 정서적 안정감을 주고 사회성 발달의 출발점이 됩니다. 부모의 진솔한 대화는 자녀의 자존감과 자신감을 키우며, 미래에 대한 꿈과 목표 설정에도 큰 영향을 줍니다.

2부에서는 현대 사회에서 밥상머리가 사라진 이유를 분석합니다. 혼밥 문화와 개인화된 식사는 가족 간의 연결을 약화시키고, 디지털 기기의 확산은 대화를 차단하며 소통의 단절을 초래했습니다. 바쁜 일상 속 '시간 부족'은 가족이 함께할 여유를 앗아갔고, 외식과 배달 문화의 증가는 집밥의 의미를 잃게 만들었습니다. 팬데믹 이후 물리적 거리뿐 아니라 정서적 거리감까지 커지면서 밥상머리 회복은 더욱 어려워졌습니다. 그러나 지금이야말로 밥상머리를 다시 시작할 때입니다.

3부에서는 밥상머리를 통해 자녀가 얻을 수 있는 다양한 능력들을 구체적으로 다룹니다. 밥상머리 시간은 자존감과 자신감을 키우며, 정서적 안정감과 자립심, 책임감을 배우는 데 중요한 역할을 합니다. 질문과 답변을 통한 창의적 사고는 복잡한 문제를 해결하는 능력을 길러주고, 다양한 이야기와 가치관을 나누며 다문화 감수성과 환경 보호 의식을 자연스럽게 습득하게 합니다. 밥상머리는 자녀에게 세상을 이해하고 탐구하는 첫 번째 학교이자, 꿈과 목표를 설계하는 출발점입니다.

4부에서는 현실적인 방법으로 밥상머리 교육을 실천할 수 있는 전략을 제시합니다. 하루 10분이라도 함께하는 시간은 자녀에게 큰 영향을 미칩니다. 짧은 대화라도 진정한 교류는 자녀의 마음을 움직일 수 있습니다. 혼밥 시대에서도 가능한 밥상머리 교육 방법을 소개하고, 혼자 먹더라도 의미 있는 시간을 만드는 방안을 제안합니다. 주말마다 가족이 함께 요리를 준비하면 특별한 추억을 만들 수 있고, 스토리텔링으로 채워지는 대화는 자녀에게 지혜와 가치관을 전달합니다. 우리 집만의 밥상머리 규칙을 만들어 질서와 존중을 배우는 시간으로 활용할 수도 있습니다.

5부에서는 변화하는 시대 속 밥상머리의 새로운 가능성에 대해 논의합니다. 4차 산업혁명과 메타버스, AI의 발전 속에서도 밥상머리는 인간적 소통을 유지하는 중심축이어야 합니다. 기술과 전통의 융합으로 새롭게 태어날 밥상머리는 자녀에게 기술 혁신과 전통 가치를 동시에 배우는 기회를 제공합니다. 다문화 시대와 환경 문제 해결을 위한 밥상머리 혁신의 필요성을 강조하며, 밥상머리가 개인과 사회에 미칠 긍정적 영향을 살펴봅니다.

마지막인 6부에서는 세계 각국의 밥상머리 문화를 비교하며, 국가별 차이 속에서도 공통적으로 드러나는 교육적 가치와 인간관계의 중요성을 탐색합니다. 한국의 예절과 일본의 감사 표현, 중국의 공동체 의식, 미국의 자유로운 자기표현 등은 각 나라의 정체성을 드러내는 동시에 인간관계와 자연, 공동체를 중시하는 보편적인 가치를 반영합니다. 이처럼 밥상머리는 전 세계적으로 중요한 교육적 도구임을 입증하며, 우리 역시 이를 재구성하고 실천해야 할 때입니다.

이 책은 단순히 밥상머리를 회복하자는 메시지를 넘어서, 밥상머리가 가진 무한한 가능성을 일깨워 자녀의 미래뿐만 아니라 가족 전체의 행복과 안정감을 위한 해법을 제안합니다. 밥상머리는 부모가 자녀에게 사랑과 존중을 표현하는 자연스러운 방식이자, 가족의 유대감을 강화하고 감정을 나누는 치유의 장소입니다. 특히 자녀에게는 세상을 배우고 탐구하는 첫 번째 학교이며, 꿈과 목표를 세우는 출발점입니다. 부모가 들려주는 이야기는 단순한 경험담이 아닌, 인생의 지혜와 통찰력을 담은 소중한 교훈이 됩니다.

더 나아가 밥상머리는 가정을 넘어 사회와 글로벌한 차원에서도 중요한 역할을 할 수 있습니다. 다문화 시대를 살아갈 자녀들에게 밥상머리는 다양한 음식과 문화를 이해하고 포용하는 넓은 시야를 제공하며, 친환경 재료와 계절 음식을 활용한 식사는 환경 보호의 중요성을 배우는 실천적 방법이 됩니다. 그렇게 자녀는 지속 가능한 삶의 방식을 자연스럽게 익히고, 지구를 위한 책임감 있는 시민으로 성장할 수 있습니다.

밥상머리에서 배운 가치들은 자녀가 성인이 되었을 때도 그들의 행동과 사고방식에 깊이 스며들어, 자신을 둘러싼 공동체와 환경을 긍정적으로 변화시키는 원동력이 될 것입니다. 따라서 이 책을 통해 독자 여러분이 밥상머리의 중요성을 다시금 깨닫고, 자신의 가정에서 작은 변화를 시작하기를 바랍니다. 밥상머리에서 시작된 작은 변화가 결국 우리 모두의 미래를 바꾸는 큰 힘이 될 것입니다.

따뜻한 밥상머리에서 우리의 미래는 이미 시작되고 있습니다. 지금부터라도 가족과 함께하는 진솔한 대화를 통해 자녀에게 사랑과 존중을 심어주고, 꿈과 목표를 설계하는 능력을 길러주십시오. 그리하여 더 나은 내일을 준비하는 첫걸음을 내딛으십시오. 밥상머리가 주는 감동과 기쁨은 우리 가족의 유대감을 강화하고, 자녀에게 세상을 이해하는 넓은 시야를 제공하며, 궁극적으로 사회와 세계를 변화시키는 힘으로 자리 잡을 수 있습니다.

이제, 여러분의 밥상머리를 다시금 재구성해 보십시오. 매일 짧은 시간이라도 가족과 함께하는 진정한 소통을 통해, 자녀에게 소중한 가치를 전달하고, 가족의 행복을 되찾는 첫 걸음을 내딛어 보세요. 밥상머리에서 시작된 작은 변화는 자녀의 미래를 넘어, 우리 사회 전체의 변화를 이끌어낼 수 있는 소중한 시작이 될 것입니다.

감사합니다.

저자 신종우

추천사

밥상머리, 자녀의 미래를 위한 첫 번째 학교

강성종 신한대학교 총장

이 책은 현대 사회에서 점점 사라져 가는 밥상머리의 가치를 새롭게 조명하며, 자녀 교육의 중요한 틀을 제시합니다. 저자는 밥상머리를 단순히 음식을 나누는 공간이 아닌, 자녀가 세상을 배우고 성장하는 첫 번째 학교로 정의하며, 이를 통해 꿈과 목표를 설계하고 창의력을 키울 수 있다고 강조합니다. 특히 부모와 자녀가 함께 나누는 대화와 경험은 자녀에게 정서적 안정감과 자신감을 심어주며, 더 나아가 공동체 의식과 환경 보호 같은 중요한 가치를 자연스럽게 체득하게 만듭니다. 각국의 다양한 밥상머리 문화를 비교하며 글로벌 시대에 필요한 다문화 감수성을 기를 수 있는 방법도 제안합니다. 이 책은 바쁜 일상 속에서도 작은 변화로 큰 영향을 미칠 수 있는 실질적인 방안을 제공하며, 부모들이 자녀와 함께 만들어갈 행복한 미래를 준비하는 데 큰 도움이 될 것입니다.

소통하는 세상을 꿈꾸는 밥상머리 교육

박남기 광주교대 전 총장

디지털 기기와 혼밥 문화로 인해 가족 간의 소통마저 줄어들고 있습니다. 이 책은 이러한 문제 해결을 위한 대안으로 밥상머리 교육을 복원해야 함을 강조하고 있습니다. 부모의 말 한마디가 자녀의 미래를 어떻게 바꿀 수 있는지를 구체적인 사례로 보여주고 있습니다. 아울러 밥상머리 시간을 통해 자녀에게 예절, 공감, 경청 능력 같은 삶의 기본기를 가르치는 방법을 구체적으로 제시하고 있습니다. 매일 짧은 시간의 진솔한 대화 나누기 등 실천가능한 현실적인 접근법은 부모들에게 큰 보탬이 될 것입니다. 아울러 4차 산업혁명 시대에도 인간적 소통을 유지할 수 있는 밥상머리의 새로운 가능성을 모색하며, 기술과 전통의 융합을 통한 실천적 방법도 제시하고 있습니다. 이 책은 자녀와의 소중한 시간을 되찾고, 그들과 함께 더 나은 내일을 만들고자 하는 모든 부모에게 필독서가 될 것입니다.

밥상머리, 우리 아이의 꿈과 목표를 키우는 장소

한석수 K-Campus, 세종공동캠퍼스

이 책은 밥상머리가 단순한 식사 공간을 넘어 자녀의 꿈과 목표를 키우는 중요한 장소임을 강조합니다. 부모가 자녀와 나누는 이야기는 자녀에게 현실적이고 실용적인 통찰력을 제공하며, 자신의 미래를 설계하는 데 큰 도움을 줍니다. 저자는 밥상머리 대화가 창의력과 문제 해결 능력을 길러주는 소통의 장이 될 수 있음을 상세히 설명하며, 질문과 답변을 통해 자극받는 창의적 사고가 자녀의 성장에 어떤 영향을 미치는지 구체적으로 논의합니다. 또한 글로벌 시대를 살아갈 자녀들에게 다문화 감수성과 환경 보호 의식을 배울 수 있는 다양한 방법을 제안합니다. 특히 덴마크의 휘게(Hygge) 문화나 노르웨이의 계절 음식 활용 같은 세계 각국의 사례를 통해 밥상머리가 지닌 교육적 가치를 더욱 깊이 이해할 수 있도록 돕습니다. 이 책은 자녀의 미래를 위한 실천적이고 따뜻한 가이드가 될 것입니다.

밥상머리에서 시작되는 더 나은 내일

배순철 대동대학교 전 총장

현대 사회에서 밥상머리는 점점 사라져가고 있지만, 이 책은 이를 다시금 재구성해야 한다는 메시지를 전합니다. 저자는 밥상머리가 자녀의 자존감과 자신감을 키우는 데 중요한 역할을 하며, 더 나아가 사회성 발달과 공동체 의식을 배우는 소중한 시간이라고 강조합니다. 특히 부모와 자녀가 함께 나누는 짧은 대화라도 진실된 교류가 자녀에게 큰 영향을 미칠 수 있다는 점을 강조하며, 작지만 확실한 변화를 위한 실천 과제를 제안합니다. 또한 환경 문제 해결을 위한 친환경 생활이나 다문화 감수성을 기를 수 있는 방안도 논의합니다. 이 책은 밥상머리를 통해 자녀에게 사랑과 존중을 심어주고, 더 나은 내일을 준비하려는 모든 부모에게 따뜻한 위로와 실질적인 가이드를 제공합니다. 밥상머리에서 시작된 작은 변화가 결국 우리 모두의 미래를 바꾸는 큰 힘이 될 것이라는 메시지는 독자들에게 깊은 울림을 줄 것입니다.

밥상머리에서 배우는 삶의 기본기와 공동체 의식

윤문상 (사)출산유아교육협회 상임이사

이 책은 밥상머리가 자녀에게 삶의 기본기를 배우는 중요한 장소라는 점을 강조하며 예절, 공감, 경청 능력, 그리고 타인을 존중하는 마음가짐 같은 핵심 가치를 어떻게 전달할 수 있는지를 구체적으로 다룹니다. 동시에 밥상머리는 가족 간 유대감을 강화하고, 공동체 의식을 키우는 소중한 시간이라고 강조합니다. 저자는 중국의 공동 접시 문화나 일본의 감사 표현 같은 각국의 밥상머리 문화를 비교하며, 서로 다른 가치관과 전통 속에서 발견할 수 있는 교육적 요소를 분석합니다. 또한 혼밥 시대에도 가능한 밥상머리 교육 방법을 소개하며, 주말마다 가족이 함께 요리를 준비하거나 스토리텔링으로 대화를 채워가는 등 실질적인 접근법을 제공합니다. 이 책은 자녀에게 사랑과 존중, 책임감을 심어줄 수 있는 방법을 찾고자 하는 부모들에게 큰 영감을 줄 것입니다.

프롤로그 **4**
추천사 **10**

1부 밥상머리 교육, 왜 중요한가?

1장 밥상머리, 단순한 식사 시간이 아니다 **24**
2장 부모의 말 한마디, 자녀의 미래를 바꾸다 **29**
3장 밥상머리에서 배우는 삶의 기본기 **34**
4장 정서적 안정감을 주는 밥상머리 **39**
5장 사회성 발달의 시작점, 밥상머리 **44**

2부 현대 사회에서 밥상머리 교육이 사라진 이유

6장 혼밥 시대, 밥상머리의 변화 **55**
7장 디지털 기기와 함께 사라진 대화 **60**
8장 바쁜 일상 속 잃어버린 밥상머리 시간 **65**
9장 외식과 배달 문화의 영향 **70**
10장 사회적 거리두기와 사라진 공동체 식사 **75**

3부 밥상머리 교육에서 자라는 우리 아이의 미래

11장 자존감과 자신감을 키우는 밥상머리 시간 **86**
12장 꿈과 목표를 설계하는 밥상머리 대화 **91**
13장 창의력과 문제 해결 능력을 키우는 밥상머리 **96**
14장 세계를 이해하는 다문화 밥상머리 **101**
15장 환경 보호와 지속 가능한 삶을 배우는 밥상머리 **105**

4부 우리 집 밥상머리 교육, 어떻게 만들까?

16장 작은 변화부터 시작하는 밥상머리 프로젝트 **115**
17장 혼밥 시대에도 가능한 밥상머리 교육 **119**
18장 주말 특별 프로젝트, 가족과 함께 만드는 밥상 **123**
19장 스토리텔링으로 채워가는 밥상머리 대화 **127**
20장 우리 집만의 밥상머리 규칙 만들기 **132**

5부 밥상머리 교육에서 시작하는 우리 아이의 미래

21장 4차 산업혁명 시대, 밥상머리의 새로운 가능성 **143**
22장 미래 세대를 위한 밥상머리 교육 모델 **148**
23장 글로벌 시대, 다문화 밥상머리의 창조 **152**
24장 지금부터 시작하는 밥상머리 리모델링 **157**
25장 백 년 후에도 기억될 밥상머리의 가치 **162**

6부 대륙별 국가의 밥상머리 교육

26장 아시아 **172**
27장 아메리카 **190**
28장 유럽 **200**
29장 아프리카와 오세아니아 **228**
30장 대륙별 국가의 밥상머리 교육,
　　　다채로운 문화 속에서 피어나는 공통된 가치 **238**

에필로그 **243**
출간후기 **246**

1부

밥상머리 교육, 왜 중요한가?

　밥상머리 교육은 단순한 식사 예절 교육을 넘어 자녀의 전인적 성장과 발달에 중요한 기반을 마련하는 과정입니다. 현대 사회에서 개인주의와 디지털 기기의 확산으로 가족 간 대화와 소통이 줄어드는 상황에서, 밥상머리는 가족 구성원들이 서로를 이해하고 공감하며 함께 성장할 수 있는 소중한 시간과 공간이 됩니다.

　밥상머리에서 이루어지는 대화는 자녀의 사회성 발달에 중요한 역할을 합니다. 부모와의 일상적인 대화를 통해 자녀는 기본적인 의사소통 능력을 익히고, 타인에 대한 존중과 배려를 자연스럽게 배웁니다. 다양한 주제에 대한 이야기는 비판적 사고력과 논리적 표현 능력을 길러주며, 자녀가 자신의 생각을 표현하고 부모로부터 피드백을 받는 과정에서 자기주도적 학습 능력과 자신감도 향상됩니다. 이는 자녀의 미래 사회생활에서 필요한 인간관계 능력을 길러주는 중요한 훈련이 됩니다.

규칙적인 밥상머리 시간은 자녀에게 건강한 생활 습관을 심어주는 효과적인 방법입니다. 정해진 시간에 균형 잡힌 식사를 하는 습관은 평생 건강한 식생활의 기초가 되며, 신체적 건강뿐만 아니라 정신적 안정에도 긍정적인 영향을 미칩니다. 가족이 함께 식사하는 자리에서는 자연스럽게 제철 재료를 활용한 건강한 음식을 섭취하게 되고, 이는 자녀의 올바른 식습관 형성에 큰 도움이 됩니다. 또한 식사 중 텔레비전이나 스마트폰 사용을 자제하고 서로의 눈을 마주 보며 대화를 나누는 문화를 만들어갈 수 있습니다.

밥상머리는 단순한 식사 시간을 넘어 가족 간의 감정 교류와 사랑 표현의 중요한 통로입니다. 자녀가 하루 동안 겪었던 고민이나 기쁨을 부모에게 털어놓으며 서로의 마음을 이해하고 공감하는 시간을 가지게 됩니다. 부모가 자녀의 이야기를 진지하게 경청하고 공감해 줄 때, 자녀는 '내가 사랑받고 있다는 느낌'을 강하게 받게 됩니다. 이러한 정서적 안전망은 자녀의 정신 건강을 지키는 중요한 요소이며, 미래에 더 큰 도전을 마주할 때도 용기를 낼 수 있는 힘을 줍니다.

밥상머리는 부모가 자신의 삶의 철학과 가치관을 자연스럽게 자녀에게 전달할 수 있는 최적의 장소입니다. 일상적인 대화를 통해 부모의 삶의 태도와 윤리의식이 자녀에게 스며들며, 이를 통해 자녀는 올바른 판단력과 책임감을 형성할 수 있습니다. 부모가 환경 보호나 이웃을 돕는 행동의 중요성을 이야기하면, 자녀는 이러한 가치를 자연스럽게 내면화하게 됩니다. 또한 부모가 실패와 성공 경험을 공유하며 "노력과 성실함이 중요하다"라는 메시지를 전달하면, 자녀는 이를 자신의 삶에 적용하려는 노력을 기울이게 됩니다.

연구 결과에 따르면 규칙적으로 가족과 함께 식사하는 자녀들은 그렇지 않은 경우보다 학업 성적이 우수하고 반사회적 행동을 덜 보이는 것으로 나타났습니다. 가족과의 대화를 통해 자녀는 새로운 지식을 습득하고 문제 해결 능력을 키우며 창의적인 사고를 발전시킬 수 있습니다. 부모와의 소통을 통해 얻은 자존감과 자신감은 학업 성취도를 높이는 중요한 요소가 됩니다. 또한 밥상머리에서의 규칙 준수는 자녀에게 질서와 책임감을 가르치는 교육적 효과를 제공합니다.

현대 사회는 빠르게 변화하는 생활 방식과 디지털 기기의 침투로 인해 가족 간의 대화와 소통이 점차 줄어들고 있습니다. 많은 가정에서 자녀와 부모가 각자의 스마트폰을 들여다보며 식사하는 모습이 흔해졌고, 이는 가족 간의 유대감을 약화시키는 주요 원인이 되고 있습니다. 따라서 지금 우리에게 필요한 것은 밥상머리의 가치를 재발견하고 이를 실천하기 위한 노력입니다. 작은 식탁 위에 담긴 가능성은 자녀의 밝은 미래로 이어질 것입니다.

밥상머리 교육은 자녀의 사회성 발달, 건강한 생활 습관 형성, 감정 교류와 사랑 표현, 가치관 전수, 학업 성취도 향상 등 다양한 측면에서 중요한 역할을 합니다. 현대 사회에서 가족 간의 소통이 줄어들고 있는 만큼, 우리는 밥상머리의 가치를 새롭게 인식하고 이를 실천하기 위한 노력을 기울여야 합니다. 작은 식탁 위에서 이루어지는 대화와 소통이 결국 자녀의 밝은 미래를 만들어가는 초석이 될 것입니다. 밥상머리를 통해 우리는 자녀에게 사랑과 지혜를 전하고, 그들이 건강하고 행복한 삶을 살아갈 수 있도록 돕는 중요한 역할을 수행할 수 있습니다. 밥상머리 교육은 단순한 식사 시간이 아닌, 자녀의 전인적 성장을 위한 소중한 기회입니다.

밥상머리,
단순한 식사 시간이 아니다

현대 사회는 매우 빠르게 변화하고 있으며, 우리의 일상은 점점 더 바쁘고 복잡해지고 있습니다. 이러한 흐름 속에서 가족이 함께하는 시간은 점차 줄어들고 있습니다. 특히 밥상머리는 단순히 음식을 먹는 공간으로 여겨지기도 하지만, 사실 그 의미는 음식을 나누는 것 이상으로 깊고 넓습니다. 밥상머리는 가족 간 유대감을 형성하는 첫걸음이며, 소통과 공감의 장이라고 할 수 있습니다.

밥상머리는 음식을 나누는 물리적인 행위를 넘어서 정서적 교류가 이루어지는 중요한 공간입니다. 한 끼의 식사는 단순히 배를 채우기 위한 것이 아니라, 서로의 하루를 이야기하고 감정을 나누는 자리입니다. 각자의 자리에 앉아 따뜻한 밥 한 그릇을 나누며 가족 구성원들은 서로의 생각과 감정을 공유할 수 있습니다. 이 과정에서 자연스럽게 대화가 오가고, 서로를 이해하려는 노력이 이루어집니다.

　이런 소통의 시간은 가족 간의 신뢰와 사랑을 더욱 돈독히 만들어줍니다. 예를 들어, 자녀들이 학교에서 있었던 일이나 친구들과의 관계에서 느낀 고민을 부모님과 나눌 때, 부모님은 아이들의 마음을 이해하고 필요한 조언을 해줄 수 있습니다. 또한 부모님이 직장에서 겪었던 일이나 어려움을 아이들에게 들려주는 것도 아이들에게 큰 교훈이 됩니다. 이렇게 서로의 이야기를 나누는 시간은 가족 구성원들이 서로를 더 깊이 이해하고, 감정적으로 더 가까워질 수 있는 기회를 제공합니다.

　또한 밥상머리는 아이들에게 올바른 가치관과 생활 습관을 가르치는 중요한 교육의 장이기도 합니다. 어른들이 식사 예절을 지키고 존중과 배려를 실천하는 모습을 보여주면, 아이들은 그것을 본받아 자연스럽게 자신의 행동으로 습득하게 됩니다. 예를 들어, 어른들이 식사 중 서로를 존중하며 경청하는 모습을 보여준다면, 아이들도 타인을 존중하는 마음을 배울 수 있습니다. 현대 사회는 개인주의적인 사고가 강조되지만, 밥상머리에서의 경험은 공동체 의식을 길러주는 중요한 기회가 될 수 있습니다. 가족이 함께 모여 식사를 하며 협력과 배려의 중요성을 몸소 체험하게 되면, 아이들은 자신이 속한 사회에서도 다른 사람들과 어떻게 조화롭게 살아가야 하는지를 자연스럽게 배우게 됩니다.

더 나아가 밥상머리는 바쁜 일상 속에서도 가족이 한자리에 모여 안정감을 느끼는 특별한 시간입니다. 현대인들은 각자의 일과 학업으로 인해 가족과 함께하는 시간이 점점 줄어들고 있습니다. 그러나 밥상머리에서의 식사는 하루의 피로를 잠시나마 잊고 가족과 함께 온기를 나눌 수 있는 소중한 순간입니다. 특히 현대 사회는 스트레스와 불안감이 만연해 있습니다. 이런 상황에서 가족과 함께하는 밥상머리는 마음의 안정을 찾는 중요한 시간이 될 수 있습니다. 부모님의 따뜻한 말 한마디, 형제자매의 웃음소리, 혹은 함께 즐기는 맛있는 음식은 하루의 무거운 짐을 덜어주는 큰 위로가 됩니다. 이 시간을 통해 가족 구성원들은 서로에게 힘이 되어주고, 마음의 위안을 얻으며, 다시금 일상에 힘을 낼 수 있는 에너지를 충전할 수 있습니다.

밥상머리는 단순히 현대에만 국한된 의미가 아니라, 우리 전통과 문화를 계승하는 중요한 장소이기도 합니다. 한국의 밥상은 '공동체'라는 개념이 깊이 담겨 있습니다. 여러 반찬을 두고 함께 나눠 먹는 방식은 개인보다는 공동체를 우선시하는 한국인의 정서를 잘 보여줍니다. 또한 명절이나 특별한 행사 때 차려지는 밥상은 가족 간의 유대감을 더욱 강화해 주며, 전통적인 음식과 풍습을 후세에 전달하는 역할도 합니다. 특히 요즘처럼 서양식 식생활이 보편화되고 개별화된 식사 방식이 늘어나는 시대에는, 한국 전통의 밥상문화를 지키는 것이 더욱 중요해지고 있습니다. 밥상머리를 통해 우리의 전통과 문화를 배우고 이를 다음 세대에 전하는 것은 우리가 잊지 말아야 할 소중한 가치입니다.

결국 밥상머리는 단순히 음식을 먹는 공간이 아닌, 가족 간의 유대감을 형성하고 유지하는 데 있어 매우 중요한 역할을 합니다. 여기에는 음식을 나누는 행위뿐만 아니라, 서로의 이야기를 듣고 공감하며 함께 웃고 즐기는 따뜻한 시간이 담겨 있습니다. 그러므로 우리는 밥상머리의 소중함을 다시 한번 깨닫고, 가족과 함께하는 식사 시간을 더욱 소중히 여기는 자세를 가져야 할 것입니다.

따뜻한 밥 한 그릇이 주는 의미는 결코 작지 않습니다. 오늘도 가족과 함께하는 밥상머리에서 사랑과 행복을 나누시길 바랍니다. 그리고 현대 사회 속에서 바쁜 일상이 우리의 소중한 시간을 빼앗아 가지 않도록, 가족과 함께하는 밥상머리의 가치를 더욱 소중히 여기는 삶을 살아가시길 바랍니다.

2장
부모의 말 한마디, 자녀의 미래를 바꾸다

    부모님의 한마디가 자녀의 미래에 얼마나 큰 영향을 미치는지 깊이 생각해 본 적이 있으신가요? 부모님의 언어는 단순한 의사소통 수단을 넘어 자녀의 정서적 성장과 가치관 형성에 중요한 역할을 합니다. 특히 부모님이 자녀에게 건네는 말 한마디는 그들의 자신감과 꿈, 목표 설정에 지대한 영향을 미칩니다. 긍정적인 표현과 따뜻한 말은 자녀에게 사랑받고 있다는 안정감을 심어주며, 이를 바탕으로 자녀는 자신의 잠재력을 최대한 발휘할 수 있는 힘을 얻게 됩니다.

먼저, 부모님의 긍정적인 언어는 자녀의 자신감과 자존감을 높이는 데 매우 중요한 요소입니다. 예를 들어, "너는 할 수 있어", "네가 노력하는 모습이 정말 멋있구나" 같은 격려의 말은 자녀에게 자신에 대한 확신을 심어줍니다. 이는 자녀가 도전 과제를 마주하거나 어려움에 직면했을 때 포기하지 않고 극복할 수 있는 용기를 갖게 만듭니다. 반대로 부정적인 언어나 비판적인 표현은 자녀로 하여금 두려움과 불안을 느끼게 하여 스스로를 믿지 못하게 만들기도 합니다. 따라서 부모님의 말 한마디가 자녀의 마음속에 어떻게 자리 잡느냐는 자녀의 미래를 결정짓는 중요한 요인이라고 할 수 있습니다.

긍정적인 언어는 단순히 칭찬이나 격려에만 국한되지 않습니다. 부모님이 자녀에게 일상적으로 사용하는 표현 방식이나 대화 스타일도 자녀의 사고방식과 행동 패턴에 영향을 미칩니다. 예컨대, 문제 상황에서 "왜 이렇게 했니?"라는 비난조의 질문보다는 "어떻게 이런 일이 생겼는지 이야기해 줄래?"라고 물으며 관심을 보이는 태도는 자녀로 하여금 잘못을 인정하고 개선하려는 의지를 자연스럽게 키우게 합니다. 또한 부모님이 자녀에게 감사의 말이나 존중의 표현을 자주 사용하면, 자녀 역시 주변 사람들을 존중하고 배려하는 태도를 학습하게 됩니다. 이러한 언어 습관은 자녀가 사회 속에서 원활한 관계를 형성하는 데도 중요한 기초가 됩니다.

또한, 밥상머리 대화는 자녀의 꿈과 목표를 만들어가는 데 큰 효과를 발휘합니다. 현대 사회에서는 가족 간 소통의 기회가 점점 줄어들고 있지만, 밥상머리를 통해 이루어지는 대화는 자녀와 부모 사이의 신뢰를 쌓고 서로의 생각을 공유할 수 있는 소중한 시간이 됩니다. 부모님이 자연스럽게 일상적인 이야기를 나누면서 자녀의 관심사나 고민을 듣고, 그에 대해 진심 어린 조언을 해준다면, 자녀는 자신의 생각을 자유롭게 표현할 수 있는 환경에서 성장하게 됩니다. 더불어, 밥상머리 대화를 통해 부모님이 자신의 경험을 이야기하거나 자녀에게 다양한 가능성에 대해 알려준다면, 자녀는 더 넓은 시야를 갖게 되고 자신의 미래를 구체적으로 설계할 수 있게 됩니다.

예컨대, 자녀가 학교에서 배운 내용이나 친구들과의 관계에 대해 이야기할 때 부모님이 경청하며 "그런 일이 있었구나", "네가 그렇게 생각했구나"라는 공감의 말을 건넨다면, 자녀는 자신의 이야기가 존중받고 있다고 느낍니다. 이러한 감정적인 지지와 이해는 자녀가 자신의 꿈을 탐색하고 목표를 설정하는 과정에서 큰 힘이 됩니다. 또한 부모님이 자녀의 꿈을 현실적으로 지원하고 응원하는 태도를 보여준다면, 자녀는 자신의 가능성을 믿으며 더욱 열심히 노력할 수 있습니다.

밥상머리 대화의 또 다른 장점은 자녀가 일상에서 접하지 못했던 다양한 분야의 정보를 자연스럽게 접할 수 있다는 점입니다. 부모님이 정치, 경제, 문화 등 다양한 주제에 대해 이야기하거나, 자신의 직업과 관련된 이야기를 나눈다면, 자녀는 평소에는 알지 못했던 세상의 이면을 배울 수 있습니다. 이러한 과정에서 자녀는 자신의 관심사를 발견하거나 새로운 목표를 세우기도 합니다. 실제로 많은 성공한 사람들이 어린 시절 부모님과의 대화를 통해 꿈을 키웠다고 회고하는 경우가 많습니다. 이처럼 밥상머리 대화는 자녀가 자신의 삶을 스스로 설계하고 준비하는 데 큰 도움을 줍니다.

결론적으로, 부모님의 한마디는 자녀의 마음속에 깊은 울림을 남기며, 이것이 자녀의 미래를 결정짓는 중요한 요소가 될 수 있습니다. 특히 밥상머리에서 이루어지는 진솔한 대화는 자녀의 꿈과 목표를 키우는 데 큰 도움이 됩니다. 부모님의 따뜻한 말과 진심 어린 관심은 자녀에게 자신감을 심어주고, 자기 주도적 삶을 살아갈 수 있도록 돕습니다. 자녀의 미래를 위해 부모님의 언어가 가지는 힘을 다시 한번 인식하고, 긍정적이고 따뜻한 말을 아끼지 않는 것이 필요하겠습니다. 또한, 부모님의 언어가 단순히 현재 상황에서의 격려에 그치는 것이 아니라, 자녀가 평생토록 유지할 가치관과 태도를 형성하는 데 중요한 역할을 한다는 점을 기억해야 합니다.

따라서 부모님께서는 자녀와의 대화를 통해 긍정적인 언어를 사용하는 데 집중하시되, 동시에 자녀의 삶을 더욱 풍요롭게 만들 수 있는 다양한 주제와 아이디어를 함께 나누는 노력을 기울이시길 바랍니다. 자녀가 성장하면서 부모님의 말 한마디가 그들의 인생을 어떻게 변화시키는지, 그리고 그들이 자신의 꿈을 실현하기 위해 어떤 도전을 해나갈지, 우리는 결코 가볍게 여길 수 없습니다.

3장
밥상머리에서 배우는 삶의 기본기

밥상머리는 단순히 음식을 먹는 공간이 아니라 우리가 살아가면서 꼭 필요한 삶의 기본기를 배우는 중요한 장소입니다. 가족들과 함께하는 식사 시간은 예절, 공감, 경청 능력과 같은 사회적 덕목을 자연스럽게 익히게 해줍니다. 또한 이 과정에서 타인을 존중하고 배려하는 마음가짐까지 기를 수 있어 개인의 성장과 인간관계 형성에 큰 영향을 미칩니다.

예절은 밥상머리에서 가장 먼저 배울 수 있는 덕목 중 하나입니다. 식사 시간에는 숟가락과 젓가락을 올바르게 사용하고, 차례를 지키며 어른들에게 먼저 수저를 드리는 등 작은 행동 하나하나가 타인을 배려하는 마음에서 시작됩니다. 이러한 기본적인 예절은 이후 사회생활에서도 중요한 역할을 하며, 다른 사람들에게 좋은 인상을 주고 신뢰를 쌓는 데 도움이 됩니다. 특히 현대 사회에서는 예절 있는 행동이 개인의 이미지를 결정짓는 중요한 요소로 자리 잡고 있습니다.

공감 역시 밥상머리를 통해 자연스럽게 배울 수 있는 중요한 덕목입니다. 가족들과 함께 식사를 하며 서로의 하루를 나누고 이야기를 듣다 보면 상대방의 감정을 이해하고 공감하는 힘이 길러집니다. 이는 인간관계의 근간이 되는 소통 능력을 키우는 데 중요한 역할을 합니다. 현대 사회에서는 자기주장만 강하게 하는 것이 아니라 상대방의 입장을 이해하고 공감하는 것이 더욱 중요해졌습니다. 밥상머리에서 배운 공감 능력은 친구 관계나 직장 생활, 지역 사회 활동 등 다양한 상황에서 유용하게 활용될 수 있습니다.

경청 능력도 밥상머리에서 연습 가능한 중요한 덕목입니다. 대화 중 상대방의 말에 귀 기울이고 존중하는 태도는 경청 능력을 향상시킵니다. 말하기보다는 듣는 법을 배우는 것이 진정한 소통의 시작이라고 할 수 있습니다. 가족들이 서로의 이야기를 경청하며 대화를 나누다 보면 자연스럽게 상대방의 의견을 존중하고 반응하는 방법을 배울 수 있습니다. 이렇게 길러진 경청 능력은 갈등을 해결하거나 협력하는 데 큰 도움이 되며, 이후 사회생활에서도 중요한 역량으로 작용합니다.

밥상머리는 또한 타인을 존중하고 배려하는 마음가짐을 실천하는 첫걸음입니다. 식사 시간에는 각자의 의견을 자유롭게 표현할 수 있는 분위기를 조성하며, 다른 사람의 말이나 행동을 존중하는 태도를 배웁니다. 어른들의 말씀을 잘 듣고 동생이나 친구들에게 먼저 양보하는 행동을 통해 우리는 타인을 존중하는 방법을 익힐 수 있습니다.

배려심 역시 밥상머리를 통해 자연스럽게 길러질 수 있습니다. 음식을 나누고 양보하는 과정에서 타인을 먼저 생각하는 마음이 생깁니다. 예를 들어, 어른들이나 손님들에게 맛있는 음식을 먼저 권하거나 남에게 불편함을 주지 않으려는 세심한 행동들이 습관으로 자리 잡습니다. 이러한 작은 실천들은 나중에 더 넓은 사회에서 공동체 의식을 기르는 데 큰 도움이 됩니다.

협력의 중요성도 밥상머리에서 배울 수 있습니다. 가족 모두가 식탁 준비와 정리를 함께 하며 협동심을 경험할 수 있습니다. 요리를 나눠 만들거나 설거지를 함께 하는 과정에서 자연스럽게 협력하는 법을 배우고, 이는 사회 속에서 공동체 의식을 기르는 데 중요한 기반이 됩니다. 협력은 현대 사회에서 필수적인 덕목이며, 이를 통해 우리는 더 나은 사회를 만들어가는 데 기여할 수 있습니다.

밥상머리에서 배운 덕목들은 단순히 가정 내에서만 그치지 않고 사회 전체로 확장됩니다. 가정에서 예절과 공감, 경청 능력을 배운 아이들은 학교와 직장에서도 원활한 인간관계를 형성할 수 있습니다. 또한 타인을 존중하고 배려하는 마음가짐은 더불어 사는 사회를 만드는 데 중요한 역할을 합니다. 현대 사회는 개인주의가 팽배해 있기도 하지만, 동시에 타인과의 협력과 소통이 중요한 시대입니다. 이런 시대적 흐름 속에서 밥상머리에서 배운 덕목들은 매우 소중합니다. 예를 들어, 직장에서 상사나 동료의 말을 경청하고 존중하는 태도는 업무 효율성을 높이고 조직 내에서 신뢰를 구축하는 데 큰 도움이 됩니다. 또한 사회적 문제 해결을 위해서도 공감과 배려심이 필요합니다.

밥상머리에서 배운 것은 한 개인의 삶뿐만 아니라 다음 세대로 전달될 수 있습니다. 부모가 자녀에게 예절과 배려를 가르친다면, 자녀 역시 자신의 자녀에게 이를 물려줄 것입니다. 이러한 선순환은 가정이라는 작은 공동체에서 시작되어 결국 사회 전체로 확산될 수 있습니다.

결국 밥상머리는 일상적인 순간처럼 보일 수 있지만 사실은 삶의 중요한 덕목들을 배우는 소중한 시간입니다. 예절, 공감, 경청 능력을 통해 개인의 성장을 돕고, 타인을 존중하며 배려하는 마음가짐까지 함양할 수 있습니다. 이를 통해 우리는 더 나은 인간관계를 형성하고 따뜻한 사회를 만들어가는 데 기여할 수 있습니다. 밥상머리에서 배운 덕목들은 가정이라는 작은 틀 안에서 끝나지 않고 사회 전체로 확장되어 더 나은 세상을 만드는 데 중요한 역할을 합니다. 따라서 우리는 밥상머리를 단순한 식사 시간이 아닌, 삶의 기본기를 배우는 특별한 공간으로 인식해야 합니다.

4장
정서적 안정감을 주는 밥상머리

　밥상머리는 단순히 식사를 위한 공간이 아닙니다. 그것은 가족 간의 정서적 유대와 소통이 이루어지는 매우 중요한 장소이며, 자녀의 정서적 안정과 전인적 성장에 깊은 영향을 미치는 생활 속 교육의 장입니다. 현대 사회에서는 부모와 자녀가 각자의 일정에 따라 따로 생활하는 경우가 많아졌고, 가족이 함께 식사하는 시간이 줄어들고 있지만, 하루 중 잠시라도 가족이 모여 식사하는 시간은 그 어떤 교육보다도 강력한 정서적 기반을 형성해 줍니다.

이 시간은 단순히 배고픔을 해결하는 것을 넘어, 가족 구성원 간의 감정과 생각을 나누는 소중한 기회가 됩니다. 특히 자녀의 하루를 경청하고, 그들의 기쁨과 고민을 함께 나누는 과정은 부모에게 자녀의 내면세계를 이해할 수 있는 중요한 창이 됩니다. 이때 중요한 것은 단순히 이야기를 듣는 데 그치지 않고, 자녀의 감정에 진심으로 공감하고 이를 인정해 주는 태도입니다. 자녀는 이러한 부모의 반응을 통해 자신의 감정이 존중받고 있다는 느낌을 받으며, 이는 자존감 형성과 정체성 확립에 큰 도움이 됩니다.

밥상머리에서 이루어지는 대화는 자녀에게 평생 기억에 남는 따뜻한 추억이 되기도 합니다. 반복되는 일상 속에서도 식사 시간에 나눈 웃음과 대화는 특별한 의미를 지니며, 자녀가 성장한 후에도 마음속 깊은 곳에서 위로와 힘이 되는 기억으로 남습니다. 이러한 경험은 자녀의 정서적 안정뿐 아니라 사회성 발달에도 긍정적인 영향을 미칩니다. 가족 간의 자연스러운 상호작용은 자녀가 타인의 감정을 이해하고 배려하는 능력을 키우는 데 중요한 역할을 합니다.

또한 밥상머리는 가족의 가치관과 문화를 자연스럽게 전수하는 교육의 장이 됩니다. 식사 예절, 배려하는 태도, 건강한 식습관 등은 부모의 행동을 통해 자녀에게 전달되며, 이는 자녀의 인성과 생활 태도 형성에 중요한 영향을 미칩니다. 예를 들어, 어른을 먼저 배려하거나 모두가 모인 후 식사를 시작하는 습관은 자녀에게 타인을 존중하는 마음을 심어줍니다. 이러한 일상의 작은 행동들이 쌓여 자녀의 도덕성과 사회적 감수성을 키우는 데 기여합니다.

밥상머리는 또한 자녀가 자신의 생각을 자유롭게 표현할 수 있는 개방적인 환경을 제공합니다. 학교에서 있었던 일, 친구 관계에서의 고민, 미래에 대한 꿈과 계획 등 다양한 주제를 자연스럽게 나눌 수 있는 공간이 됩니다. 부모는 자녀의 이야기를 경청하며 적절한 조언을 제공할 수 있고, 이러한 과정은 자녀가 문제를 해결하는 능력과 자기 표현력을 키우는 데 큰 도움이 됩니다. 자녀는 부모와의 대화를 통해 다양한 관점을 배우고, 세상을 이해하는 폭을 넓혀갑니다.

이러한 밥상머리의 힘은 단지 자녀에게만 국한되지 않습니다. 부모 역시 자녀와의 대화를 통해 위로와 기쁨을 얻고, 가족 구성원 간의 유대감을 더욱 깊이 느낄 수 있습니다. 서로의 삶을 공유하고 공감하는 이 시간은 가족 전체의 정서적 안정과 행복을 높이는 데 기여합니다. 특히 사춘기나 변화의 시기를 겪는 자녀에게는 밥상머리에서의 대화가 갈등을 줄이고 신뢰를 쌓는 데 중요한 역할을 합니다.

현대 사회에서 많은 부모들이 바쁜 일정으로 인해 자녀와 함께 식사하는 시간을 갖기 어렵다고 느낄 수 있습니다. 그러나 일주일에 몇 번이라도 가족이 함께 식사하는 시간을 정하거나, 짧은 시간이라도 진심 어린 대화를 나누는 노력을 기울인다면, 자녀에게는 평생 잊지 못할 소중한 기억이 될 수 있습니다. 중요한 것은 시간의 길이보다 그 시간 동안 얼마나 진심으로 소통하느냐입니다. 스마트폰이나 TV를 잠시 꺼두고, 서로의 눈을 바라보며 대화하는 것만으로도 충분한 정서적 교류가 이루어질 수 있습니다.

또한 밥상머리는 자녀에게 책임감과 공동체 의식을 심어주는 기회가 되기도 합니다. 식사 준비나 정리 과정에 자녀가 함께 참여함으로써, 가족의 일원으로서의 역할을 자각하고, 협력과 배려의 가치를 체득할 수 있습니다. 이러한 경험은 자녀가 사회에 나가서도 타인과의 관계를 원만하게 유지하고, 공동체 속에서 조화롭게 살아가는 데 큰 밑거름이 됩니다. 더 나아가 밥상머리는 자녀의 언어 능력과 사고력 발달에도 긍정적인 영향을 미칩니다. 다양한 주제에 대해 자유롭게 이야기하고, 자신의 생각을 논리적으로 표현하는 과정은 자녀의 언어적 표현력과 비판적 사고력을 키우는 데 도움이 됩니다. 부모가 자녀의 말을 끊지 않고 끝까지 들어주며, 질문을 통해 사고를 확장시켜주는 태도는 자녀의 지적 호기심을 자극하고 학습 동기를 높이는 데도 효과적입니다.

결국 정서적 안정감을 주는 밥상머리는 단순한 식사 공간을 넘어, 자녀의 삶 전반에 긍정적인 영향을 미치는 중요한 요소입니다. 부모님의 따뜻한 관심과 배려는 자녀에게 사랑받고 있다는 확신을 심어주며, 이는 자녀가 건강하고 행복하게 성장하는 데 큰 밑거름이 됩니다. 밥상머리에서의 소통과 상호작용이 자녀의 미래를 위한 소중한 투자임을 기억하며, 이 시간을 더욱 소중히 여겨야 할 것입니다. 작은 식탁 위에서 나누는 대화가 자녀의 마음을 지탱하는 큰 힘이 될 수 있다는 사실을 잊지 말아야 합니다.

5장

사회성 발달의 시작점, 밥상머리

　사회성은 우리가 사회 속에서 원만한 관계를 맺고 살아가기 위해 반드시 필요한 능력입니다. 이러한 사회성은 단기간에 형성되는 것이 아니라, 일상 속에서 반복되는 경험과 상호작용을 통해 서서히 길러지는 특성입니다. 그 시작점은 멀리 있지 않습니다. 바로 가정이라는 가장 작은 공동체, 그중에서도 밥상머리에서부터 시작됩니다. 밥상머리는 단순히 식사를 위한 공간이 아니라, 가족 간의 대화와 정서적 교류가 이루어지는 중요한 장소입니다. 이곳에서 우리는 인간관계의 기본을 배우고, 공동체 의식을 자연스럽게 체득하게 됩니다.

어릴 때부터 가족과 함께 식사를 하면서 우리는 대화의 중요성과 상호작용의 기본을 익히게 됩니다. 식사 시간 동안 부모님과 자녀는 서로의 하루를 공유하고, 기쁨과 고민을 나누며 감정을 표현하는 법을 배웁니다. 이 과정에서 자녀는 경청하는 태도, 공감하는 마음, 그리고 자신의 생각을 조리 있게 전달하는 능력을 키워나갑니다. 또한 식사 예절을 지키는 습관은 타인을 배려하고 존중하는 태도를 기르는 데 큰 도움이 됩니다. 예를 들어, 음식을 나누거나 어른을 먼저 챙기는 행동은 공동체 안에서의 질서와 배려를 실천하는 구체적인 방법이 됩니다.

밥상머리는 개인주의적인 사고보다는 공동체 의식을 기르는 데 중요한 역할을 합니다. 가족은 우리가 처음으로 속하게 되는 공동체이며, 이 안에서 우리는 협력과 나눔의 가치를 배우게 됩니다. 식사 시간에 각자의 욕구만을 앞세우기보다는 모두가 만족할 수 있는 방식으로 식사를 진행하는 과정에서 우리는 '우리'라는 개념을 체험하게 됩니다. 이러한 경험은 이후 학교, 직장, 사회 등 더 큰 공동체로 나아갈 때 중요한 자산이 됩니다. 공동체 속에서 자신의 역할을 인식하고, 타인과 조화를 이루며 살아가는 능력은 밥상머리에서부터 시작된다고 해도

과언이 아닙니다.

현대 사회에서는 핵가족화와 개인화가 심화되면서 공동체 의식이 점차 약화되고 있습니다. 각자 다른 일정으로 바쁘게 살아가는 가족 구성원들이 함께 식사하는 시간이 줄어들고 있는 현실 속에서도, 밥상머리는 여전히 가족 간의 유대감을 확인하고 정서적 안정감을 느낄 수 있는 소중한 공간입니다. 하루 중 잠시라도 함께 식탁에 둘러앉아 이야기를 나누고 웃으며 교감하는 시간은 단순한 식사 이상의 의미를 지닙니다. 이 시간은 서로를 이해하고 공감하는 기회가 되며, 가족 구성원 간의 신뢰를 쌓는 데에도 큰 역할을 합니다.

또한 밥상머리는 세대 간의 간극을 좁히는 데에도 중요한 역할을 합니다. 어른들은 아이들에게 전통과 문화, 삶의 지혜를 자연스럽게 전할 수 있으며, 아이들은 어른들의 경험을 통해 세상을 보는 새로운 관점을 배우게 됩니다. 이러한 세대 간의 소통은 가족의 정체성을 강화하고, 자녀가 자신의 뿌리를 인식하는 데에도 긍정적인 영향을 미칩니다.

밥상머리 교육은 단순히 식사 예절을 배우는 것을 넘어 사회성 발달의 초석이 됩니다. 어릴 때부터 밥상머리 문화를 경험한 아이들은 타인과의 관계에서 자연스럽게 배려와 존중을 실천하게 되며, 이는 성인이 되어 더 넓은 사회에서 적극적으로 참여하고 기여하는 사람으로 성장하는 데 중요한 밑거름이 됩니다. 디지털 매체가 인간관계의 중심이 되어가는 현대 사회에서도, 얼굴을 마주 보고 대화하며 감정을 교류하는 경험은 여전히 필수적입니다. 밥상머리는 이러한 직접적인 소통과 교감을 경험할 수 있는 귀중한 기회를 제공합니다.

특히 밥상머리는 아이들의 언어 발달에도 큰 영향을 미칩니다. 어른들이 사용하는 다양한 표현과 어휘를 듣고 따라 하는 과정에서 아이들은 언어 능력을 향상시키고, 논리적으로 생각하며 자신의 의견을 표현하는 법을 배우게 됩니다. 식사 시간 동안 이루어지는 대화는 아이들의 호기심을 자극하고, 세상에 대한 다양한 질문을 던지며 사고의 폭을 넓히는 계기가 됩니다. 이는 아이들이 자신감을 가지고 사회 속에서 자신의 역할을 찾아가는 데 큰 도움이 됩니다.

결론적으로 밥상머리는 인간관계의 기본을 배우는 첫 번째 학교이자, 공동체 의식을 키우는 소중한 시간입니다. 가족과 함께하는 식사는 단순히 음식을 먹는 행위를 넘어서, 서로를 존중하고 이해하며 협력하는 방법을 자연스럽게 익히는 과정입니다. 이러한 경험은 개인의 사회성 발달뿐만 아니라, 더 큰 공동체 속에서 건강한 구성원으로 살아가기 위한 중요한 자질을 형성합니다.

그렇기 때문에 우리는 바쁜 일상 속에서도 밥상머리 문화를 소중히 여기고, 이를 통해 가족 간의 유대감을 강화하며 미래 세대에게 소중한 가치를 전해야 합니다. 밥상머리에서 시작된 작은 변화가 결국 더 나은 사회를 만드는 원동력이 될 수 있으며, 밥상머리는 단순한 식사의 장소가 아닌, 우리의 삶과 사회를 더욱 풍요롭게 만드는 중요한 교육의 장이자 문화의 장으로 자리매김해야 할 것입니다.

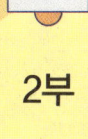

2부

현대 사회에서 밥상머리 교육이 사라진 이유

　현대 사회에서 밥상머리 교육이 점차 사라지고 있는 이유는 여러 가지 요인들이 복합적으로 얽혀 있기 때문입니다. 우선 현대인들의 바쁜 일상이 큰 영향을 미치고 있습니다. 맞벌이 부부가 늘어나면서 가족 구성원 모두가 같은 시간에 집에 모이는 경우가 줄었고, 직장인들은 야근이나 회식으로 저녁 식사를 함께하기 어려운 상황이 많습니다. 또한 학생들 역시 입시 준비와 학원 스케줄로 인해 제시간에 귀가하지 못하는 경우가 많아 자연스럽게 가족과 함께하는 식사 시간이 줄어들고 있습니다. 특히 도시화가 진행되며 생활 리듬이 빨라지면서 하루 중 여유를 찾기 어렵게 되었고, 이는 가족 간의 공통된 시간을 확보하는 것조차 어렵게 만들었습니다.

　외식 문화의 확산도 밥상머리를 위협하는 중요한 요인 중 하나입니다. 과거에는 집에서 직접 차린 밥상을 통해 식사를 해결하는 것이 일반적이었지만, 이제는 다양한 외식 옵션과 배달 서비스가 발달하면서 굳이 가정에서 함께 식사할 필요성을 느끼지 못하게 되었습니다. 간편함과 편리함을 추구하는 현대인들의 생활 방식이 이러한 변화를 더욱 가속화시켰으며, 이는 결국 가족들과 함께 나누는 따뜻한 한 끼의 의미를 퇴색시키고 있습니다. 더불어 패스트푸드나 즉석식품의 보편화로 인해 '식사'라는 행위 자체가 단순히 배를 채우는 것으로 전락했으며, 정성스럽게 준비된 가정식의 가치는 점차 잊히고 있습니다.

디지털 기기의 발전 또한 무시할 수 없는 영향을 미치고 있습니다. 스마트폰이나 태블릿 등 개인용 전자기기가 보편화되면서 식사 시간에도 각자 기기를 들여다보는 '디지털 중독' 현상이 나타나고 있습니다. 이러한 상황에서는 서로 대화를 나누기보다는 개인적인 활동에 몰두하게 되어 가족 간의 소통이 줄어들고, 식사 자체가 단순히 음식을 섭취하는 행위로 전락하게 됩니다. 이는 밥상머리가 가진 본연의 소중한 가치를 잃게 만드는 주요 원인 중 하나라고 할 수 있습니다. 특히 아이들에게 있어 부모와의 대화는 사회적·정서적 성장에 중요한 역할을 하지만, 디지털 기기에 의존하는 생활은 이런 교육적 효과를 약화시키는 결과를 초래합니다.

　1인 가구의 증가 역시 밥상머리 문화를 약화시키는 중요한 요소입니다. 통계에 따르면 우리나라의 1인 가구 비율은 꾸준히 증가하고 있으며, 혼자 사는 사람들은 정성스러운 식사를 준비하기보다 간단하게 끼니를 해결하려는 경향이 강합니다. 이는 자연스럽게 가족 공동체의 해체로 이어질 수 있으며, 더 나아가 밥상머리라는 개념 자체를 희미하게 만드는 결과를 초래합니다. 혼자 먹는 식사는 밥상머리가 지닌 교류와 소통의 의미를 상실하게 만들기 때문입니다. 또한 1인 가구는 자주 집에서 식사를 하지 않거나 규칙적인 식습관을 유지하지 못하는 경우가 많아 건강 문제까지 야기할 수 있습니다.

　교육 및 사회적 가치관의 변화도 이러한 현상을 설명하는 중요한 배경이 됩니다. 과거에는 가족과 함께하는 식사 시간이 자녀 교육의 일환으로 여겨졌지만, 현재는 성적이나 스펙 쌓기에 더 중점을 두는 경향이 강해졌습니다. 아이들이 학원이나 과외 활동으로 바쁜 일정을 보내다 보니, 가족과의 소중한 시간을 할애하기 어려워졌습니다. 이러한 변화는 밥상머리가 가진 교육적·정서적 가치를 희석시키며, 가족 간 유대감 형성의 기회를 줄이는 결과를 가져왔습니다. 더불어 현대 사회에서는 '개인주의' 경향이 강화되면서 가족의 공동체적 가치보다는 개인의 독립성과 자기중심적 삶의 방식이 더 중요시되고 있습니다. 이는 가족 간의 유대감을 형성하는 밥상머리 문화를 더욱 멀어지게 만드는 요소로 작용합니다.

또한 주거 환경의 변화도 밥상머리 문화가 사라지는 이유 중 하나입니다. 아파트 중심의 주거 형태가 확대되며 물리적 공간이 좁아졌고, 다세대 주택이나 단독주택처럼 가족 구성원들이 자유롭게 모일 수 있는 환경이 줄어들었습니다. 이로 인해 거실이나 부엌에서 가족들이 함께 모여 식사하는 모습이 점점 드물어졌습니다. 특히 작은 주방과 좁은 식탁은 가족 모두가 함께 식사하는 것을 어렵게 만들며, 이는 자연스럽게 각자 따로 식사를 하게 되는 현상으로 이어집니다.

결국 밥상머리 교육이 사라진 이유는 단순히 시간 부족이나 외부 환경의 변화 때문만이 아니라, 우리 사회의 구조적·문화적 변화가 복합적으로 작용한 결과입니다. 그럼에도 불구하고 밥상머리는 단순히 음식을 나누는 공간 그 이상의 의미를 가지고 있습니다. 가족 간의 유대감을 형성하고 감정을 나누는 중요한 장소임을 기억해야 하며, 이를 다시 살리기 위한 노력이 필요한 시점이라고 할 수 있습니다. 더 나아가 밥상머리 교육이 사라짐으로써 발생하는 문제들을 해결하기 위해서는 사회적 관심과 노력이 필요합니다. 예를 들어, 직장 내 유연근무제를 적극 도입하거나 학교와 학원의 과도한 교육 일정을 조정하여 가족이 함께할 수 있는 시간을 마련하는 방안이 고려될 수 있습니다. 또한 가정 내에서도 디지털 기기 사용을 제한하고, 서로의 이야기를 나누는 시간을 의식적으로 만들어가는 노력이 요구됩니다. 밥상머리는 단순히 음식을 먹는 자리가 아니라, 사랑과 이해를 나누는 소중한 공간이라는 점을 다시 한번 깨닫고 이를 실천해 나가는 것이 중요하다고 생각됩니다.

6장

혼밥 시대,
밥상머리의 변화

 현대 사회에서는 혼자 식사를 하는 문화, 즉 혼밥이 급격히 확산되고 있습니다. 이는 더 이상 특별한 일이 아닌 일상적인 모습으로 자리 잡았으며, 다양한 사회적 요인들이 이러한 변화를 뒷받침하고 있습니다.

 1인 가구의 증가는 혼밥 문화를 촉진하는 주요 원인 중 하나입니다. 통계에 따르면 1인 가구 비율이 꾸준히 증가하면서 가족 단위로 이루어지던 식사 방식이 점차 개인화되고 있습니다. 특히 도시화가 진행되면서 많은 사람들이 독립적으로 생활하게 되었고, 이는 혼자서 식사를 해결하는 습관을 자연스럽게 만들어냈습니다. 또한 바쁜 일상과 직장 생활로 인해 시간을 내어 함께 식사하기 어려운 상황도 혼밥 문화를 더욱 가속화시키고 있습니다. 현대인들은 하루의 대부분을 일과 학업에 할애하고 있으며, 정해진 시간에 규칙적으로 식사를 하는 것이 쉽지 않습니다. 이런 상황에서 각자의 일정에 맞춰 간편하게 식사를 해결하려는 경향이 강해졌습니다.

특히 젊은 세대들은 편의성과 효율성을 중시하며, 자신의 취향과 필요에 따라 자유롭게 식사를 선택합니다. 이러한 맥락에서 배달 음식이나 포장 음식, 그리고 즉석식품이 큰 인기를 끌고 있으며, 이는 개인화된 식사 문화를 더욱 공고히 하고 있습니다. 더불어 개인주의적 가치관의 확산도 중요한 역할을 하고 있습니다. 과거에는 가족이나 친구와 함께 모여 식사를 하는 것이 자연스러운 일이었다면, 오늘날에는 각자의 취향과 필요에 따라 자유롭게 식사를 선택하는 것이 당연시되고 있습니다. 예를 들어, 같은 공간에서 식사를 하더라도 한 사람이 다이어트 음식을 먹는 반면, 다른 사람은 고칼로리 음식을 즐기는 등 서로 다른 취향을 존중하는 모습이 일반적입니다. 이러한 변화는 식사가 단순히 영양 섭취의 수단을 넘어 개인의 정체성을 표현하는 하나의 방법으로 자리 잡았음을 보여줍니다.

소셜미디어의 발전도 혼밥 문화를 더욱 부추기고 있습니다. 인스타그램, 유튜브 등의 플랫폼에서 다양한 음식 콘텐츠가 공유되면서, 혼자서도 충분히 맛있고 만족스러운 식사를 즐길 수 있다는 인식이 널리 퍼졌습니다. 결과적으로 혼밥은 단순히 외로움이나 불가피한 상황 때문이 아니라, 개인의 자율성과 선택권을 중시하는 현대인의 라이프 스타일과 밀접하게 연결되어 있습니다.

혼밥 문화의 확산은 가족 공동체의 해체와 깊은 관련이 있습니다. 과거에는 밥상머리가 가족 구성원들이 하루를 마무리하며 대화를 나누고 서로의 감정을 공유하는 중요한 공간이었습니다. 그러나 현대 사회에서는 이러한 밥상머리 문화가 점차 사라지고 있습니다. 핵가족화와 1인 가구의 증가로 인해 가족 구성원의 수가 줄어들었고, 이로 인해 함께 식사할 기회 자체가 감소했습니다. 과거에는 대가족이 모여 살며 매일같이 함께 식사를 하던 모습이 일반적이었다면, 오늘날에는 부모와 자녀만 있는 핵가족이 보편화되었고, 그마저도 자녀들이 성장하면서 독립하거나 타지로 떠나는 경우가 많아졌습니다.

현대인들의 빠른 생활 리듬과 불규칙한 일정도 가족이 한자리에 모이는 것을 어렵게 만들고 있습니다. 부모와 자녀가 각기 다른 시간대에 생활하다 보니 함께 식탁에 앉아 대화를 나누는 일이 드물어진 것입니다. 특히 직장인 부모와 수험생 자녀의 경우, 서로의 생활 패턴이 맞지 않아 아침이나 저녁 식사조차 함께하지 못하는 경우가 많습니다.

디지털 기기의 발전도 밥상머리 문화의 소멸에 영향을 미치고 있습니다. 스마트폰이나 태블릿 같은 디지털 기기가 등장하면서 가족 간의 직접적인 대화보다는 개인적인 활동에 더 많은 시간을 할애하게 되었습니다. 예전에는 밥상머리에서 하루 동안 있었던 일을 이야기하고 서로의 감정을 나누는 것이 자연스러웠다면, 지금은 각자 자신의 스마트폰을 들여다보며 메신저를 확인하거나 동영상을 시청하는 모습이 더 흔합니다. 이러한 변화는 밥상머리에서 이루어지던 소통과 유대감 형성의 기회를 크게 감소시켰습니다.

외부 활동의 증가도 밥상머리 문화의 위축을 가져왔습니다. 과거에는 집에서 가족들과 함께 시간을 보내는 것이 자연스러웠지만, 오늘날에는 각종 사교 활동, 스포츠 클럽, 친구와의 모임 등 외부에서 시간을 보내는 일이 많아졌습니다. 이는 가족 구성원들이 함께 식사할 기회를 줄이고, 밥상머리가 차지했던 공간적, 정서적 의미를 퇴색시키고 있습니다.

결과적으로, 밥상머리는 단순히 음식을 먹는 공간이 아니라 가족 공동체의 정체성을 형성하고 유지하는 중요한 장소였던

만큼, 그 소멸은 가족 간의 관계와 공동체 의식에도 큰 영향을 미치고 있습니다. 이러한 상황은 현대 사회가 직면한 새로운 도전 과제 중 하나로, 우리는 이를 어떻게 극복할 것인지 깊이 고민해야 할 때라고 생각됩니다.

7장
디지털 기기와 함께 사라진 대화

최근 디지털 기기의 급속한 발전과 보급은 우리의 일상에 커다란 변화를 가져왔습니다. 특히 스마트폰과 같은 휴대용 디지털 기기는 사람들 간의 소통 방식을 근본적으로 바꾸어 놓았으며, 이로 인해 다양한 사회적 문제들이 나타나고 있습니다. 그중에서도 가장 심각하게 지적되는 부분은 바로 대화의 단절입니다.

스마트폰은 현대인에게 없어서는 안 될 필수품으로 자리 잡았지만, 동시에 사람들 간의 직접적인 소통을 방해하는 주요 요인으로 작용하고 있습니다. 과거에는 가족이나 친구들과 얼굴을 마주 보며 대화를 나누는 시간이 많았지만, 오늘날에는 같은 공간에 있어도 각자 스마트폰 화면만 바라보는 모습이 흔해졌습니다. 이러한 변화는 사람들로 하여금 점차 대화의 중요성을 잊게 만들고 있으며, 진정한 감정 교류와 공감이 이루어지지 않는 관계가 늘어나고 있습니다. 이는 개인 간의 유대감을 약화시키고, 사회적 소속감을 저하시키는 결과를 초래할 수 있습니다.

문화적으로도 대화는 오랜 시간 동안 중요한 역할을 해왔습니다. 전통적인 이야기나 경험을 나누는 활동은 세대 간의 이해를 돕고 가족의 정체성을 형성하는 데 기여해 왔습니다. 그러나 디지털 기기의 사용이 일상화되면서 이러한 문화적 소통의 기회가 줄어들고 있으며, 이는 세대 간의 단절로 이어질 가능성도 높아지고 있습니다.

특히 가족 간의 대화 부재는 더욱 심각한 문제로 다가옵니다. 과거에는 저녁 식사 시간이나 거실에서 함께 TV를 보며 자연스럽게 대화가 오갔지만, 현재는 대부분의 가족 구성원이 스마트폰이나 태블릿에 몰두하고 있습니다. 자녀들은 부모님과의 대화보다는 온라인 세상에서 친구들과의 소통을 더 선호하며, 부모들 또한 업무나 개인적인 용도로 스마트폰을 사용하느라 가족과의 대화 시간을 소홀히 하곤 합니다. 이러한 상황이 지속되면 가족 간의 정서적 유대감이 약화되고, 서로에 대한 이해와 관심이 줄어들 수밖에 없습니다. 결국 가족이라는 개념이 점점 희미해지면서 외로움과 고립감을 느끼는 구성원들이 늘어날 가능성이 큽니다.

뿐만 아니라, 스마트폰에 의존하는 생활 방식은 인간관계의 질을 낮추는 또 다른 문제를 야기합니다. 사람들은 이제 문자 메시지나 SNS를 통해 의사소통을 하는 데 익숙해졌으며, 얼굴을 맞대고 대화하는 것보다는 간단한 이모티콘 하나로 자신의 감정을 표현하는 경우가 많아졌습니다. 그러나 이러한 방식은 상대방의 표정 변화나 목소리의 뉘앙스를 통해 감정을 읽어내는 비언어적 의사소통을 배제하기 때문에, 진정한 의미의 소통이 이루어지기 어렵습니다. 이로 인해 사람들은 점점 더 감정적으로 단절된 상태로 남게 되며, 깊은 관계를 형성하거나 유지하는 데 어려움을 겪게 됩니다.

디지털 기기가 가져온 이러한 소통의 단절은 단순히 개인의 문제가 아니라 사회 전체에 영향을 미치고 있습니다. 사람들이 직접 대면하는 대화를 통해 배울 수 있었던 공감 능력, 비언어적 의사소통, 그리고 인간관계의 깊이가 점차 사라지고 있는 것입니다. 물론 디지털 기기는 정보 접근성과 편리함을 제공하며 많은 장점도 가지고 있지만, 이에 과도하게 의존하거나 잘못된 방식으로 사용하면 오히려 인간관계를 해칠 수 있다는 점을 우리는 명심해야 합니다.

더불어, 디지털 기기의 과도한 사용은 청소년들에게도 부정적인 영향을 미칩니다. 청소년 시기는 정체성을 형성하고 사회적 기술을 습득하는 중요한 시기인데, 이 시기에 스마트폰이나 온라인 게임 등에 너무 많은 시간을 할애하면 현실 세계에서의 소통 능력을 키우는 데 방해가 될 수 있습니다. 실제로 많은 연구 결과에 따르면, 디지털 기기에 노출된 시간이 길수록 청소년의 언어 발달이 지연되거나 대인 관계에서 어려움을 겪는 사례가 증가하고 있다고 합니다. 이는 미래 세대의 사회성 형성에도 큰 영향을 미칠 수 있음을 시사합니다.

따라서 디지털 시대를 살아가는 현대인들은 기술의 편리함을 누리되, 기본적인 인간관계의 가치를 잃지 않도록 노력해야 합니다. 가족과의 소중한 시간을 만들기 위해 디지털 기기 사용을 제한하거나, 대화를 중심으로 한 활동을 통해 서로의 감정을 나누는 것이 필요합니다. 또한 스마트폰을 사용할 때도 주변 사람들과의 소통을 방해하지 않도록 적절한 예의를 갖추는 것이 중요합니다. 이렇게 한다면 디지털 기기와 인간관계가 조화롭게 공존할 수 있는 미래를 만들어갈 수 있을 것입니다.

결론적으로, 디지털 기기의 발전은 우리 삶에 많은 혜택을 가져다주었지만, 그로 인해 발생하는 부작용도 결코 가볍게 여겨서는 안 됩니다. 우리는 기술을 지혜롭게 사용하여 인간관계의 본질을 되찾고, 더 나아가 건강한 사회를 만들어가는 데 앞장서야 할 것입니다. 이를 위해 가정과 학교, 사회 전반에서 대화의 중요성을 다시금 인식하고, 이를 실천에 옮기는 노력이 필요합니다. 디지털 시대 속에서도 진정한 대화와 소통의 가치를 지켜나갈 수 있기를 바랍니다.

8장
바쁜 일상 속 잃어버린 밥상머리 시간

　현대 사회는 빠르게 변화하고 복잡해지면서 바쁜 일상이 기본적인 생활 방식으로 자리 잡았습니다. 이러한 삶의 속도는 우리가 소중히 여겨야 할 밥상머리 시간마저 점차 사라지게 만들고 있습니다. 특히 가족 구성원들이 함께 모여 식사를 하며 대화를 나누는 문화가 줄어들면서, 인간관계와 정서적 유대감 형성에 큰 영향을 미치고 있습니다.

　우선 현대인들은 직장과 학업, 그리고 개인 생활에서 요구되는 다양한 역할을 수행하느라 시간이 부족한 상황에 자주 직면합니다. 직장인들은 업무량 증가와 야근으로 인해 저녁 시간을 가족과 보내기 어려운 경우가 많으며, 학생들 또한 과도한 학업 스케줄과 입시 준비로 인해 제대로 된 가족 식사 시간을 갖기 어렵습니다. 이렇게 바쁜 일정 속에서 사람들은 자연스럽게 밥상머리 대화를 포기하게 되고, 식사는 단순히 배를 채우는 수단으로 전락하기 쉽습니다. 이는 가족 간의 관계뿐만 아니라 개인의 정신적 안정에도 부정적인 영향을 미칩니다. 더불어, 현대인들은 개인적인 자기 계발이나 취미 활동에도 많은 시간을 할애하면서 가족과의 공통된 시간이 더욱 줄어드는 경향이 있습니다. 결국, 이런 생활 패턴은 가족 구성원 간의 소통 부재를 초래하며, 서로를 이해하고 지지하는 기회를 놓치게 만듭니다.

또한 현대 사회에서는 '빠르게 먹고 떠나는' 문화가 확산되면서 밥상머리 시간이 더욱 위축되고 있습니다. 편의성을 중시하는 현대인들은 한 끼 식사를 최대한 짧은 시간 안에 해결하려는 경향이 강해졌으며, 혼밥이나 간편식 문화가 일반화되었습니다. 실제로 많은 사람들이 출퇴근 시간이나 점심시간에 급하게 음식을 먹고 다시 일상으로 돌아가는 패턴을 반복하고 있습니다. 이러한 빠른 식사 습관은 건강 문제를 초래할 뿐만 아니라, 식사 시간을 통해 이루어질 수 있었던 대화와 교류를 불가능하게 만듭니다.

　특히 가족들과 함께 식탁에 앉아 천천히 이야기를 나누는 경험은 점점 더 드물어지고 있으며, 이것이 가족 간의 소통 부재를 더욱 심화시키고 있습니다. 더 나아가, 이러한 식습관은 아이들에게도 잘못된 영향을 미쳐, 천천히 음식을 즐기고 소통하는 문화를 경험하지 못하게 합니다.

　이러한 변화는 결국 가족 공동체의 본질적인 가치를 흔들고 있습니다. 밥상머리는 단순히 음식을 먹는 공간이 아니라, 서로의 하루를 공유하고 감정을 나누는 중요한 소통의 장입니다. 그러나 현대인들의 바쁜 일상과 빠른 식사 문화가 이 소중한 시간을 잠식하면서, 가족 구성원 간의 깊은 대화와 이해는 점차 사라져가고 있습니다. 특히 아이들에게 있어 부모와의 밥상머리 대화는 정서적 안정감과 사회성 발달에 매우 중요한 역할을 하지만, 이러한 기회가 줄어듦에 따라 아이들의 성장에도 부정적인 영향을 미칠 가능성이 큽니다. 연구 결과에 따르면, 밥상머리 대화가 부족한 환경에서 자란 아이들은 의사소통 능력이 다소 떨어질 뿐만 아니라, 감정 조절이나 대인 관계에서도 어려움을 겪을 가능성이 높다고 보고되고 있습니다.

　더욱 우려되는 점은 이러한 현상이 세대 간의 단절로 이어질 수 있다는 것입니다. 예전에는 밥상머리를 통해 부모가 자녀에게 삶의 지혜를 전수하거나, 자녀가 부모에게 자신의 고민을 털어놓는 일이 많았지만, 현재는 그러한 소통의 기회가 크게 줄었습니다. 이는 단순히 가족 간 대화의 부재를 넘어, 세대 간 이해와 공감의 부족으로 이어질 수 있습니다. 특히 노인 세대와 젊은 세대 간의 소통이 줄어들면서, 가족 내에서도 서로를 이해하지 못하는 갈등이 발생할 수 있습니다.

결론적으로, 바쁜 일상과 빠른 식사 문화는 현대인들의 삶에 깊은 변화를 가져왔지만, 동시에 중요한 인간관계와 정서적 유대감 형성의 기회를 앗아가고 있습니다. 우리는 이러한 문제를 인식하고, 바쁜 일상 속에서도 가족과 함께하는 소중한 밥상머리 시간을 되찾기 위해 노력해야 합니다. 이를 통해 가족 간의 소통을 회복하고, 보다 따뜻하고 건강한 사회를 만들어갈 수 있기를 바랍니다. 또한, 밥상머리 문화를 되살리기 위한 구체적인 실천 방안도 필요합니다. 예를 들어, 가족들이 매일 30분이라도 함께 식사하는 시간을 만들거나, 주말마다 특별한 가족 식사를 계획하는 것도 좋은 방법이 될 수 있습니다. 이러한 작은 노력들이 모여, 우리가 잃어버린 밥상머리의 가치를 다시금 회복할 수 있을 것입니다.

더 나아가, 밥상머리 시간을 되찾기 위한 사회적 노력도 필요합니다. 기업과 학교는 구성원들이 가족과 함께하는 시간을 존중하고 지원하는 정책을 마련해야 합니다. 예를 들어, 유연 근무제나 학업 일정 조정 등을 통해 가족들이 함께 식사할 수 있는 시간을 확보하는 것이 중요합니다. 또한, 지역사회에서도 가족 중심의 프로그램과 이벤트를 통해 밥상머리 문화를 장려하고, 이를 통해 공동체의 유대감을 강화할 수 있습니다. 이러한 사회적 노력은 가족 간의 소통을 회복하고, 더 나아가 건강한 사회를 만드는 데 기여할 것입니다.

9장

외식과
배달 문화의 영향

　현대 사회에서 외식과 배달 문화의 증가는 밥상머리 시간의 감소와 깊은 연관이 있습니다. 바쁜 일상 속에서 집밥을 대신하는 외식과 배달 음식은 편리함과 효율성을 제공하지만, 동시에 가족 관계와 소통에 부정적인 영향을 미치고 있습니다.

　우선 집밥을 준비하고 함께 식사하는 전통적인 방식은 점차 외식과 배달 문화로 대체되고 있습니다. 현대인들은 바쁜 일정과 피로감 속에서 요리하는 시간조차 아끼려는 경향이 강해졌으며, 간편하게 주문할 수 있는 배달 음식이나 외식을 선호하게 되었습니다. 실제로 많은 가정에서 저녁 식사는 더 이상 식탁에서 이루어지지 않고 각자 따로 먹거나, 빠르게 해결하는 형태로 변모했습니다. 이러한 변화는 가족 구성원들이 한자리에 모여 식사를 하며 대화를 나누는 기회를 크게 줄였습니다.

특히 배달 음식은 개별적으로 먹는 패턴을 유도하여, 가족 간의 공유된 시간이 더욱 부족해지는 결과를 초래합니다. 또한, 배달 문화는 종종 실내에서 조용히 음식을 먹는 습관을 만들어, 자연스러운 대화가 이루어질 여지를 없애버립니다. 이는 가족 간의 정서적 연결고리를 약화시키고, 서로를 이해하고 지지하는 관계 형성에도 큰 장애물이 됩니다.

외식 문화 역시 가족 관계에 큰 영향을 미칩니다. 외식은 가족이 함께할 수 있는 특별한 시간을 제공할 수도 있지만, 대부분의 경우 단순히 식사를 해결하는 목적으로 이뤄지며, 진정한 의미의 대화나 교류가 이루어지지 않는 경우가 많습니다. 식당이라는 공간은 때로는 시끄럽고 분주하기 때문에, 대화에 집중하기 어려운 환경을 제공합니다.

또한, 외식은 비용적인 부담 때문에 자주 선택하기 어려운 옵션이기도 하며, 이로 인해 가족이 함께 모이는 횟수가 자연스럽게 줄어들 수 있습니다. 특히 아이들에게 있어 외식은 종종 놀이의 연장선으로 여겨져, 부모와의 진지한 대화보다는 음식 자체에만 집중하는 경향이 나타납니다. 이는 가족 간의 정서적 교류를 방해하며, 서로를 이해하고 공감하는 기회를 놓치게 만듭니다. 더불어, 외식은 가정 내에서의 공동 활동을 줄이고, 가족 구성원들이 독립적으로 행동하는 습관을 강화할 수 있습니다.

더불어, 외식과 배달 문화는 가족의 역할 분담에도 변화를 가져옵니다. 예전에는 부모가 함께 식사를 준비하고 이를 통해 자연스러운 협력과 대화가 이루어졌지만, 지금은 이러한 과정이 생략되면서 가족 구성원 간의 협력적 경험 또한 줄어들고 있습니다. 특히 엄마나 아빠 중 한 사람이 식사를 준비하던 전통적인 역할이 사라지면서, 가족 내에서의 역할 분담과 책임감이 약화될 수 있으며, 이는 가족 공동체 의식의 약화로 이어질 가능성이 큽니다. 또한, 요리를 통해 부모가 자녀에게 가르칠 수 있었던 기본적인 생활 습관이나 음식 문화에 대한 이해가 사라지면서, 다음 세대에게 전통과 가치를 전달하는 기회도 함께 잃게 됩니다. 요리를 통해 배울 수 있었던 인내심과 창의력, 그리고 협력의 중요성 같은 중요한 덕목들도 점차 사라지고 있습니다.

또 다른 문제는 외식과 배달 문화가 건강에도 부정적인 영향을 미친다는 점입니다. 일반적으로 외식 음식은 집에서 직접 만드는 음식에 비해 고열량, 고나트륨, 고지방의 특징을 가지고 있어, 장기적으로 가족 구성원들의 건강을 해칠 수 있습니다. 이런 식습관은 비만, 당뇨병, 고혈압 등 만성 질환의 위험을 높일 수 있으며, 이는 결국 가족 전체의 삶의 질을 저하시킬 수 있습니다. 특히 성장기의 아이들에게는 영양 불균형이 신체적, 정신적 발달에 영향을 미칠 수 있기 때문에, 외식과 배달 음식의 과도한 섭취는 더욱 우려되는 부분입니다.

결론적으로, 외식과 배달 문화의 확산은 현대인들의 삶에 편리함을 제공했지만, 동시에 가족 관계와 소통에 부정적인 영향을 미치고 있습니다. 우리는 이러한 문제를 직시하고, 외식과 배달 문화가 가족 간의 소중한 시간을 침범하지 않도록 적절한 균형을 찾아야 합니다. 예를 들어, 일주일에 몇 번은 가족이 함께 요리하고 식사하는 시간을 가지거나, 외식을 할 때도 대화를 중심으로 한 소통의 장을 마련하는 것이 중요합니다. 또한, 배달 문화가 불가피한 상황에서는 최소한 식탁에 모여 함께 식사하며 대화를 나누는 습관을 유지하는 것이 필요합니다. 이를 통해 외식과 배달 문화가 가져온 편리함과 함께, 가족 관계의 본질적인 가치를 지켜나갈 수 있기를 바랍니다.

가족의 소중한 시간을 회복하기 위해서는 작은 노력들이 모여야 합니다. 예를 들어, 가족 구성원 모두가 참여할 수 있는 요리 프로젝트를 계획하거나, 식사 시간을 디지털 기기 사용 금지 시간으로 설정하는 것도 좋은 방법입니다. 무엇보다 중요한 것은 밥상머리가 단순히 음식을 먹는 공간이 아니라, 서로를 이해하고 감정을 나누는 중요한 소통의 장임을 다시금 깨닫는 것입니다. 이를 통해 우리는 외식과 배달 문화가 가져온 변화 속에서도 가족의 유대감을 더욱 강화할 수 있을 것입니다.

10장
사회적 거리두기와 사라진 공동체 식사

팬데믹 이후 사회적 거리두기 정책은 우리의 일상생활 전반에 큰 변화를 가져왔으며, 특히 식사 환경에도 큰 영향을 미쳤습니다. 이는 단순히 물리적 거리감의 확대를 넘어 정서적 거리감까지도 증가시키는 결과를 초래했습니다.

우선 팬데믹 기간 동안 식당 내 취식 제한, 모임 인원 제한 등과 같은 사회적 거리두기 정책은 공동체 식사를 크게 위축시켰습니다. 예전에는 명절이나 가족 행사, 친구나 직장 동료들과의 회식 등 다양한 계기로 사람들이 한자리에 모여 음식을 나누며 교류하는 문화가 자연스럽게 이루어졌지만, 이러한 활동들이 대부분 중단되거나 비대면으로 대체되었습니다. 특히 가족 간에도 감염 우려로 인해 여러 세대가 함께 모여 식사하는 일이 줄어들었고, 외부인과의 식사는 더욱 꺼려졌습니다. 이로 인해 식사가 가지고 있던 본연의 소통 기능이 약화되었으며, 사람들 사이의 유대감 형성이 어려워졌습니다. 또한, 학교나 직장에서의 단체 급식이나 회식 같은 공동체 식사 활동도 사라지면서, 개인이 고립된 상태로 식사를 해결하는 경우가 늘어났습니다. 이는 식사 시간이 단순히 배를 채우는 행위로 전락하게 만들었으며, 그 과정에서 자연스럽게 이루어졌던 대화와 감정 교류는 점차 사라져 갔습니다.

더불어, 사회적 거리두기는 단순히 물리적인 거리를 벌리는 것을 넘어 사람들의 정서적 거리감을 확대시키는 결과를 낳았습니다. 식사는 기본적으로 인간관계를 형성하고 유지하는 데 중요한 역할을 해왔지만, 팬데믹 기간 동안 사람들은 서로 마주 보고 대화하며 음식을 나누는 경험을 잃게 되었습니다. 이는 사람들 사이에 존재했던 신뢰와 친밀감을 약화시키는 요인이 되었으며, 특히 노인이나 어린아이와 같이 사회적 연결이 필요한 계층에게 더욱 큰 영향을 미쳤습니다. 노인들은 자녀나 손자들과의 만남이 줄어들면서 외로움을 더 크게 느꼈고, 아이들은 또래 친구들과의 상호작용이 줄어듦에 따라 사회성 발달에 어려움을 겪기도 했습니다. 이렇게 정서적 거리감이 커짐에 따라 공동체 의식은 점점 희미해져 갔습니다. 특히 가족 내에서도 부모와 자녀 간의 대화가 줄어들면서, 서로의 감정을 이해하고 공감하는 기회가 줄어들었으며, 이는 장기적으로 가족 간의 관계를 약화시키는 결과를 초래했습니다.

또 다른 문제는 팬데믹 이후 비대면 문화가 일상에 깊숙이 자리 잡으면서, 이전처럼 사람들이 모여 식사하는 습관이 쉽게 회복되지 않는다는 점입니다. 팬데믹 당시 배달 문화와 혼밥이 일상화되면서 많은 사람들이 식사를 개인적인 행위로 여기게 되었고, 이는 팬데믹 이후에도 지속되고 있습니다. 실제로 많은 사람들이 이제는 굳이 누군가와 함께 식사하지 않아도 된다는 생각을 갖게 되었으며, 이는 과거 공동체 식사가 가지고 있던 의미를 퇴색시키는 결과를 초래하고 있습니다. 이러한 변화는 가족, 친구, 직장 동료 등 다양한 관계에서의 소통 부재를 심화시키며, 인간관계의 질을 저하시키는 주요 원인이 되고 있습니다. 더불어, 비대면 문화는 디지털 기기 사용의 증가를 동반하면서, 식사 시간조차 스마트폰이나 컴퓨터 앞에서 혼자 해결하는 경우가 많아졌습니다. 이는 사람들을 더욱 고립시키고, 감정적 교류와 공감 능력을 약화시키는 부정적인 영향을 미칩니다.

팬데믹 이후 변화된 식사 환경은 또한 경제적·사회적 불평등을 더욱 두드러지게 만들었습니다. 예를 들어, 저소득층 가정에서는 건강한 집밥을 준비하기 어려운 상황이 많아지면서, 배달 음식이나 가공식품에 의존하는 비율이 높아졌습니다. 이는 건강 불평등 문제로 이어질 가능성이 크며, 동시에 가족 구성원 간의 소통 기회를 더욱 제한합니다. 반면, 경제적으로 여유가 있는 가정에서는 오히려 홈 카페나 홈 파티 같은 새로운 형태의 가족 활동이 생겨나기도 했지만, 이러한 변화 역시 모든 계층에 동일하게 적용되지 못한다는 점에서 사회적 격차를 더욱 심화시킬 수 있습니다.

결론적으로, 팬데믹 이후 변화된 식사 환경은 우리 사회의 공동체 의식과 인간관계에 큰 변화를 가져왔습니다. 사회적 거리두기는 물리적 거리뿐 아니라 정서적 거리도 확대시켰으며, 이는 특히 공동체 식사 문화의 쇠퇴로 이어졌습니다. 우리는 이러한 문제를 인식하고, 팬데믹 이후에도 다시금 사람들과의 연결을 강화하기 위한 노력이 필요합니다. 예를 들어, 가족이나 친구들과 의도적으로 함께 식사하는 시간을 만들거나, 지역사회 차원에서 공동체 식사를 장려하는 프로그램을 운영하는 것도 좋은 방법입니다. 무엇보다 중요한 것은 식사가 단순히 음식을 먹는 행위가 아니라, 사람들 간의 소통과 유대감을 형성하는 중요한 매개체라는 사실을 다시금 기억하는 것입니다. 이를 통해 팬데믹으로 인해 멀어진 물리적·정서적 거리를 좁히고, 보다 따뜻하고 건강한 사회를 만들어갈 수 있기를 바랍니다.

특히 정부나 지역사회 차원에서도 공동체 식사 문화를 복원하기 위한 지원책이 필요합니다. 예를 들어, 지역 축제나 행사에서 공동 식사를 장려하거나, 작은 규모의 커뮤니티 모임을 활성화하여 사람들이 다시금 자연스럽게 모여 식사하고 대화할 수 있는 환경을 조성해야 합니다. 또한, 학교나 직장에서도 함께 식사하는 시간을 마련하거나, 건강한 식습관과 소통의 중요성을 교육하는 프로그램을 도입하는 것이 필요합니다. 이런 노력들이 모여야만 팬데믹 이후 변화된 식사 환경이 가져온 부정적인 영향을 조금씩 극복할 수 있을 것입니다.

3부

밥상머리 교육에서 자라는 우리 아이의 미래

밥상머리 교육은 단순히 음식을 나누는 시간을 넘어, 자녀의 전인적 성장과 미래를 위한 중요한 기회를 제공합니다. 가족이 함께 모여 식사를 하며 이루어지는 대화와 상호작용은 자녀에게 다양한 긍정적인 영향을 미치며, 이는 아이들의 사회성, 정서적 안정감, 그리고 가치관 형성에 중요한 역할을 합니다.

우선 밥상머리 교육은 자녀의 언어 발달과 의사소통 능력을 향상시키는 데 큰 도움을 줍니다. 가족과의 식사 시간은 자연스럽게 대화를 나누고 서로의 생각을 표현하는 기회를 제공합니다. 부모가 자녀에게 질문하거나 이야기를 나누는 과정에서, 아이들은 새로운 단어와 표현을 배우고 이를 실제 상황에서 활용해볼 수 있습니다. 또한, 부모와의 대화를 통해 논리적으로 생각하고 자신의 의견을 명확하게 전달하는 방법을 익히게 됩니다. 이러한 경험은 자녀가 학교나 사회에서 더 효과적으로 의사소통하며 관계를 형성하는 데 중요한 역량으로 작용합니다.

또한 밥상머리 교육은 자녀의 정서적 안정감과 자존감을 높이는 데 기여합니다. 가족과의 식사 시간은 아이들에게 사랑받고 있다는 느낌을 주며, 자신이 소중한 존재임을 느끼게 만듭니다. 부모가 자녀의 하루를 경청하고 공감해 주는 과정에서 아이들은 감정적으로 안정감을 얻으며, 스트레스나 고민을 해소할 수 있는 공간을 마련하게 됩니다.

특히 부모와의 대화를 통해 아이들은 문제 해결 방법이나 감정 조절 능력을 배울 수 있으며, 이는 자존감 형성에도 긍정적인 영향을 미칩니다. 실제로 많은 연구 결과에 따르면, 규칙적으로 가족과 함께 식사하는 아이들은 그렇지 않은 아이들에 비해 우울증이나 불안 증세를 덜 경험한다고 보고되고 있습니다.

더불어, 밥상머리는 자녀에게 가치관과 사회성을 가르치는 중요한 장이 됩니다. 부모가 식사 시간 동안 일상적인 대화뿐만 아니라, 예절, 배려, 감사함 등과 같은 기본적인 생활 태도를 몸소 보여줄 수 있기 때문입니다. 예를 들어, 어른에게 먼저 젓가락을 건네는 모습이나 남은 음식을 아끼는 행동은 아이들에게 자연스럽게 습득되어 좋은 습관으로 자리 잡습니다.

또한, 부모가 다양한 주제로 대화를 나누면서 세상을 바라보는 시각이나 올바른 가치관을 전달할 수 있습니다. 이를 통해 자녀는 폭넓은 사고방식을 갖추고, 사회 속에서 책임감 있는 구성원으로 성장할 수 있습니다.

밥상머리 교육은 또한 자녀의 학습 능력과 창의력 발달에도 긍정적인 영향을 미칩니다. 식사 시간에 이루어지는 자유로운 대화는 아이들이 다양한 주제에 대해 호기심을 갖게 하고, 새로운 지식을 탐구하도록 유도합니다. 부모가 자녀에게 책 내용이나 역사적 사건, 혹은 과학적 사실을 흥미롭게 설명하면, 아이들은 자연스럽게 학습에 대한 흥미를 느끼게 됩니다. 또한, 가족 간의 대화는 아이들의 창의적 사고를 자극하며, 문제를 다양한 각도에서 바라보고 해결책을 찾아내는 능력을 키워줍니다. 이러한 과정은 학교 수업에서도 더 적극적으로 참여할 수 있는 자신감을 심어줄 수 있습니다.

마지막으로, 밥상머리 교육은 자녀가 공동체 의식을 배우고, 인간관계를 형성하는 데 중요한 역할을 합니다. 가족이 함께 모여 식사를 하며 협력하고 배려하는 모습은 아이들에게 공동체의 중요성을 깨닫게 만듭니다. 예를 들어, 식탁 위에서 서로를 위해 음식을 덜어주거나 감사 인사를 나누는 모습은 아이들에게 타인을 존중하고 배려하는 마음을 심어줍니다. 이러한 경험은 아이들이 사회 속에서 더 나은 관계를 맺고, 협력적인 태도를 유지하는 데 큰 도움이 됩니다.

결론적으로, 밥상머리 교육은 자녀의 언어 발달, 정서적 안정감, 가치관 형성, 학습 능력, 그리고 사회성 발달에 긍정적인 영향을 미치는 매우 중요한 활동입니다. 우리는 바쁜 일상 속에서도 가족과 함께하는 소중한 식사 시간을 최우선으로 여기고, 이를 통해 자녀에게 더 나은 미래를 선물해야 합니다. 부모의 작은 노력이 자녀의 삶 전체에 큰 변화를 가져올 수 있음을 기억하며, 밥상머리를 통해 우리의 아이들이 더 건강하고 행복한 사회 구성원으로 성장할 수 있기를 바랍니다.

11장
자존감과 자신감을 키우는 밥상머리 시간

밥상머리 시간은 단순히 음식을 나누는 자리가 아니라, 자녀의 정서적 성장을 돕고 자존감과 자신감을 키우는 중요한 교육의 장입니다. 가족이 함께하는 식사 시간은 아이들에게 안정감과 소속감을 제공하며, 이를 통해 자립심과 책임감도 자연스럽게 배울 수 있는 기회를 마련합니다.

먼저, 밥상머리 시간은 자녀의 자존감과 자신감을 키우는 데 큰 역할을 합니다. 부모가 자녀의 이야기를 경청하고 공감해

주는 과정에서 아이들은 자신이 사랑받고 존중받는 존재임을 느끼게 됩니다. 이러한 경험은 자녀의 내면에 긍정적인 자아상을 형성하게 하며, 스스로에 대한 신뢰감을 키워줍니다. 특히 부모가 자녀의 작은 성취나 노력에 대해 칭찬하거나 격려해 줄 때, 아이들은 자신의 능력에 대해 확신을 갖게 되고, 이는 자신감으로 이어집니다. 또한, 부모와의 대화를 통해 아이들은 자신의 감정을 표현하고 해결하는 방법을 배우며, 이는 스트레스나 불안을 효과적으로 관리하는 능력을 키우는 데 도움이 됩니다. 이러한 정서적 안정감은 자녀가 사회 속에서 더 당당하게 자신을 표현하고, 어려운 상황에서도 극복할 수 있는 힘을 가지게 만듭니다.

더불어, 밥상머리는 자녀의 정서적 성장을 돕는 중요한 공간입니다. 가족 간의 대화를 통해 아이들은 서로 다른 사람들의 감정과 생각을 이해하고 공감하는 법을 배웁니다. 예를 들어, 부모가 자신의 하루를 이야기하거나 다른 가족 구성원에게 관심을 보이는 모습을 통해 아이들은 타인의 입장을 존중하고 배려하는 마음을 키울 수 있습니다. 이러한 과정은 자녀가 감정적으로 성숙해지는 데 큰 영향을 미치며, 사회 속에서 원활한 인간관계를 형성하는 데 필요한 사회적 기술을 발달시킵니다. 또한, 부모가 자녀에게 현실적인 문제 해결 방법이나 긍정적인 사고방식을 전달하면, 아이들은 더 나은 판단력을 갖추고 어려운 상황에서도 긍정적으로 대처할 수 있는 능력을 기르게 됩니다.

또한, 밥상머리는 자립심과 책임감을 배우는 중요한 장소가 될 수 있습니다. 가족이 함께 식사를 준비하고 마무리하는 과정에서 아이들은 자신의 역할을 맡고 이를 수행하는 경험을 하게 됩니다. 예를 들어, 밥상을 차리거나 설거지를 돕는 일은 아이들에게 공동체의 일원으로서 책임감을 느끼게 하며, 작은 성취감을 경험하게 만듭니다. 이러한 활동은 자녀가 스스로 일을 처리할 수 있다는 자신감을 심어주고, 점차 자립심을 키워줍니다.

또한, 부모가 식사 시간 동안 아이들에게 선택권을 주거나 결정을 내릴 기회를 제공하면, 아이들은 자신의 의견이 중요하다는 것을 깨닫고 주체적으로 행동할 수 있는 능력을 개발하게 됩니다. 이 과정에서 아이들은 단순히 심부름을 하는 것이 아니라, 자신의 기여가 가족 공동체에 긍정적인 영향을 미친다는 것을 체감하며 진정한 소속감을 느낍니다. 이는 훗날 사회에 나가서도 공동의 목표를 위해 기여하고 협력하는 태도를 갖추는 데 중요한 밑거름이 됩니다.

특히 밥상머리에서는 부모가 모범이 되어 자녀에게 올바른 태도와 가치관을 전달할 수 있습니다. 예를 들어, 부모가 식사 시간에 서로를 존중하며 대화를 나누는 모습을 보이면, 아이들은 자연스럽게 이를 따라 배우며 타인을 존중하는 태도를 익힙니다. 또한, 부모가 실수를 인정하거나 문제를 해결하는 모습을 보여주면, 아이들은 잘못을 인정하고 책임을 지는 용기를 배우게 됩니다. 이러한 경험은 자녀가 미래에 어른으로 성장했을 때, 사회 속에서 책임감 있게 행동하고 신뢰받는 존재로 자리매김할 수 있도록 돕습니다.

더 나아가, 스마트폰이나 TV를 끄고 온전히 가족에게 집중하는 밥상머리 시간은 진정한 소통의 가치를 아이들에게 몸소 보여주는 귀한 교육이 됩니다. 서로의 얼굴을 마주 보고 눈을 맞추며 대화하는 습관은 공감 능력을 발달시키고, 깊은 유대감을 형성하는 데 필수적입니다. 이처럼 밥상머리는 단순한 식사의 시간을 넘어, 아이들이 건강한 자아를 형성하고 사회의 일원으로 성장하는 데 필요한 모든 것을 배울 수 있는 종합적인 교육의 장인 것입니다.

결론적으로, 밥상머리 시간은 자녀의 자존감과 자신감을 키우고, 정서적 성장을 돕는 중요한 기회를 제공합니다. 동시에 자립심과 책임감을 배울 수 있는 실질적인 교육의 장이기도 합니다. 우리는 바쁜 일상 속에서도 가족과 함께하는 식사 시간을 소중히 여기고, 이를 통해 자녀에게 더 나은 미래를 선물해야 합니다. 부모의 작은 관심과 노력이 자녀의 삶 전체에 큰 변화를 가져올 수 있음을 기억하며, 밥상머리를 통해 우리의 아이들이 더 건강하고 행복한 사회 구성원으로 성장할 수 있기를 바랍니다.

꿈과 목표를 설계하는 밥상머리 대화

밥상머리 대화는 자녀가 꿈과 목표를 설계하는 데 중요한 역할을 하는 공간입니다. 가족이 함께 모여 나누는 이야기는 단순한 일상의 교류를 넘어, 자녀에게 삶의 방향성을 제시하고 목표를 설정하도록 돕는 소중한 기회가 됩니다. 특히 부모의 경험담은 자녀에게 실질적인 교훈을 전달하며, 이를 통해 아이들은 자신의 미래를 구체적으로 그려볼 수 있습니다.

먼저, 부모의 경험담은 자녀에게 큰 영감과 교훈을 제공합니다. 밥상머리에서 부모가 자신의 과거 경험, 성공과 실패, 도전과 극복의 이야기를 나누면, 자녀는 이를 통해 삶의 다양한 가능성을 배우게 됩니다. 예를 들어, 부모가 어려운 상황에서도 목표를 포기하지 않고 노력해 성취한 이야기를 들려주면, 자녀는 꿈을 이루기 위해 인내와 끈기가 필요하다는 것을 깨닫게 됩니다.

또한, 부모가 실패를 통해 배운 교훈을 공유하면, 아이들은 실수를 두려워하지 않고 도전하는 태도를 갖추게 됩니다. 이러한 이야기는 자녀에게 단순한 지식 전달 이상의 의미를 가지며, 자신도 비슷한 길을 걸어갈 수 있다는 자신감을 심어줍니다. 더불어, 부모의 진솔한 이야기는 자녀에게 현실적인 조언을 제공함으로써, 아이들이 막연한 꿈이 아닌 구체적이고 실현 가능한 목표를 세우는 데 도움을 줍니다.

또한, 밥상머리는 자녀가 꿈과 목표를 설정하고 계획하는 과정을 자연스럽게 배울 수 있는 장소입니다. 부모가 자녀에게 다양한 주제로 질문하거나 대화를 유도하면, 아이들은 자신의 관심사와 열정을 발견하게 됩니다. 예를 들어, "네가 앞으로 어떤 일을 하고 싶니?" 또는 "어떤 사람이 되고 싶어?"와 같은 질문은 아이들에게 자신의 미래에 대해 생각해 보는 기회를 제공합니다.

이 과정에서 부모는 자녀의 의견을 존중하며 함께 구체적인 목표를 설정하도록 돕습니다. 특히 부모가 목표 달성 과정에서 필요한 단계를 설명하거나, 작은 목표부터 시작해 점진적으로 성취해 나가는 방법을 알려주면, 자녀는 목표를 현실화하는 방법을 체계적으로 배우게 됩니다. 이러한 대화는 자녀가 막연한 꿈이 아니라 실천 가능한 계획을 세우도록 돕습니다.

더불어, 밥상머리 대화는 자녀에게 꿈을 향해 나아가는 동기부여를 제공합니다. 부모가 자녀의 꿈에 대해 관심을 보이고 진지하게 경청하면, 아이들은 자신의 목표를 더욱 소중히 여기게 됩니다. 또한, 부모가 자녀의 꿈을 지지하면서도 현실적인 조언을 아끼지 않으면, 아이들은 자신의 꿈을 실현하기 위한 구체적인 노력을 기울이는 법을 배웁니다. 예를 들어, 자녀가 특정 직업에 대해 이야기할 때, 부모가 그 직업에 필요한 능력이나 준비 과정에 대해 설명해 주면, 아이들은 자신의 꿈을 이루기 위해 무엇을 해야 할지 명확히 알 수 있게 됩니다.

이러한 과정은 자녀가 스스로 목표를 설정하고 이를 달성하기 위해 노력하는 적극적인 태도를 형성하는 데 큰 도움이 됩니다. 이와 더불어, 밥상머리 대화는 자녀가 자신의 강점과 약점을 파악하고, 이를 바탕으로 자신에게 맞는 진로를 탐색하는 데 결정적인 역할을 합니다. 부모의 따뜻한 격려와 현실적인 조언은 자녀가 겪을 시행착오를 줄여주고, 더욱 효과적으로 목표에 도달할 수 있도록 안내합니다.

특히 밥상머리 대화는 자녀에게 꿈을 향한 긍정적인 사고방식을 심어주는 데 효과적입니다. 부모가 자신의 경험을 바탕으로 긍정적인 메시지를 전달하면, 자녀는 어려움 속에서도 희망을 잃지 않는 마음가짐을 배우게 됩니다. 예를 들어, 부모가 "나도 처음에는 잘 안됐지만 계속 노력했더니 결국 성공했어"라는 말을 하면, 아이들은 좌절감보다는 도전 의지를 키우게 됩니다. 또한, 부모가 자녀의 작은 성취에도 칭찬과 격려를 아끼지 않으면, 아이들은 자신의 가능성에 대한 확신을 갖고 더 큰 꿈을 꾸려고 노력하게 됩니다. 이러한 긍정적인 피드백은 자녀가 자신의 꿈을 스스로 믿고 실현해 나가는 데 중요한 원동력이 됩니다. 더욱이, 부모가 자녀의 의견을 존중하고 주체적인 선택을 격려하는 모습은 아이들에게 자기 결정력을 길러주고, 미래를 스스로 개척할 수 있다는 믿음을 심어줍니다. 이는 급변하는 사회에서 스스로 길을 찾아나갈 수 있는 유연성과 적응력을 키우는 데 필수적인 요소로 작용합니다.

결론적으로, 밥상머리 대화는 자녀가 꿈과 목표를 설계하고 실현하는 데 큰 영향을 미치는 중요한 시간입니다. 부모의 경험담은 자녀에게 실질적인 교훈을 제공하며, 이를 통해 아이들은 자신의 미래를 구체적으로 그려보고 실천 가능한 계획을 세울 수 있습니다. 우리는 바쁜 일상 속에서도 자녀와의 대화를 통해 꿈과 목표에 대해 이야기를 나누고, 이를 지원하는 환경을 만들어야 합니다. 부모의 관심과 지지가 자녀의 꿈을 향한 여정을 더욱 든든하게 만들어줄 것입니다. 밥상머리를 통해 우리의 아이들이 자신의 꿈을 향해 한 걸음씩 나아갈 수 있기를 바랍니다.

창의력과 문제 해결 능력을 키우는 밥상머리

밥상머리는 단순히 식사를 나누는 공간을 넘어, 자녀의 창의력과 문제 해결 능력을 키우는 소중한 교육의 장이 될 수 있습니다. 가족 간의 대화와 상호작용은 아이들에게 새로운 관점을 제공하며, 질문과 답변을 통해 창의적 사고를 자극하고 문제를 해결하는 방법을 자연스럽게 배울 수 있는 기회를 마련합니다.

먼저, 밥상머리 대화는 질문과 답변을 통해 자녀의 창의적 사고를 자극하는 데 큰 역할을 합니다. 부모가 자녀에게 다양한 주제에 대해 질문하거나 흥미로운 이야기를 던지면, 아이들은 자신의 생각을 자유롭게 표현하고 새로운 아이디어를 만들어내는 경험을 하게 됩니다. 예를 들어, "만약 네가 하루 동안 마법사가 된다면 무엇을 하고 싶니?" 또는 "우리가 살고 있는 세상을 더 나은 곳으로 만들려면 어떻게 해야 할까?"와 같은 질문은 아이들의 상상력을 자극하며, 평소에는 생각하지 못했던 독창적인 답변을 이끌어냅니다.

이러한 질문은 단순한 호기심에서 그치지 않고, 아이들이 문제를 다양한 각도에서 바라보고 창의적으로 해결하는 습관을 길러줍니다. 또한, 부모가 자녀의 답변에 대해 진지하게 경청하고 추가적인 질문을 던지면, 아이들은 자신의 생각을 더욱 깊이 발전시키며 논리적이고 체계적인 사고를 배울 수 있습니다.

더불어, 밥상머리는 문제 해결 능력을 길러주는 소통의 장이기도 합니다. 가족 간의 대화 속에서 부모가 일상에서 겪었던 문제 상황이나 도전 과제를 이야기하면, 자녀는 이를 통해 문제 해결의 과정을 자연스럽게 배우게 됩니다. 예를 들어, 부모가 "오늘 회사에서 문제가 생겼는데 이렇게 해결했어"라고 이야기하면, 아이들은 문제를 직면했을 때 두려워하기보다는 해결책을 찾아보려는 태도를 배우게 됩니다.

또한, 부모가 자녀의 고민이나 어려움에 대해 함께 이야기하며 해결 방안을 모색해 준다면, 아이들은 자신이 처한 문제를 구체적으로 분석하고 실질적인 해결책을 찾아내는 능력을 기를 수 있습니다. 이런 과정은 자녀가 사회 속에서 다양한 문제를 마주했을 때 유연하게 대처할 수 있는 힘을 길러줍니다.

특히, 밥상머리 대화는 자녀에게 비판적 사고와 분석적 사고를 촉진하는 데 효과적입니다. 부모가 자녀에게 논쟁적이거나 다각적인 시각을 요구하는 질문을 던지면, 아이들은 한 가지 문제를 여러 가지 관점에서 바라보는 법을 배웁니다. 예를 들어, "왜 학교에서는 이런 규칙을 정했을까?" 또는 "이런 상황에서 다른 사람이라면 어떻게 행동했을까?"와 같은 질문은 아이들이 단순한 답을 찾는 것이 아니라, 문제의 본질을 이해하고 다양한 가능성을 고려하며 사고하는 습관을 형성하도록 돕습니다. 이러한 대화는 자녀가 복잡한 문제를 해결하거나 새로운 아이디어를 도출하는 데 필요한 창의적 사고의 기반을 마련합니다.

또한, 밥상머리 대화는 자녀에게 협력과 소통의 중요성을 깨닫게 만듭니다. 가족이 서로 의견을 나누고 공감하며 해결책을 찾는 모습은 아이들에게 협력적인 태도를 심어줍니다. 특히 부모가 자녀의 의견을 존중하고 함께 해결책을 모색하는 과정을 보여주면, 아이들은 자신의 생각을 명확히 표현하고 타인의 의견을 수용하는 법을 배우게 됩니다. 이러한 경험은 자녀가 미래에 사회 속에서 더 나은 협력자로 성장할 수 있도록 돕습니다. 나아가, 밥상머리는 단순히 문제를 해결하는 것을 넘어, 예측 불가능한 상황에 대처 능력과 위기관리 능력을 간접적으로 경험하게 하는 장이 됩니다.

부모가 현실에서 마주하는 다양한 상황들을 솔직하게 공유하고, 함께 해결 과정을 고민하는 것은 자녀에게 현실 적응력과 회복 탄력성을 길러주는 중요한 교육이 됩니다. 즉, 밥상머리 대화를 통해 아이들은 단순한 지식 습득을 넘어, 살아있는 지혜를 배우고 실제 삶에 적용할 수 있는 능력을 키우게 되는 것입니다.

결론적으로, 밥상머리는 자녀의 창의력과 문제 해결 능력을 키우는 중요한 소통의 장입니다. 질문과 답변을 통해 자극받는 창의적 사고는 아이들에게 새로운 관점을 제공하며, 문제 해결 능력을 길러주는 대화는 자녀가 현실적인 도전을 극복하는 데 필요한 역량을 개발하는 데 큰 도움이 됩니다.

우리는 밥상머리 시간을 소중히 여기고, 자녀와의 대화를 통해 창의적 사고와 문제 해결 능력을 자연스럽게 자극할 수 있도록 노력해야 합니다. 부모의 작은 관심과 질문이 자녀의 무한한 가능성을 펼치는 열쇠가 될 수 있음을 기억하며, 우리의 아이들이 더 창의적이고 현명한 사회 구성원으로 성장할 수 있기를 바랍니다.

14장
세계를 이해하는 다문화 밥상머리

　현대 사회는 다양한 문화가 공존하는 글로벌 시대로 접어들었습니다. 이에 따라 자녀를 키우는 부모들에게도 새로운 시각이 요구되고 있습니다. 단순히 학업 성적이나 경쟁력만을 강조하는 교육에서 벗어나, 아이들이 세계 속에서 다양성을 인정하고 존중할 수 있는 마음을 가질 수 있도록 도와주는 것이 중요해지고 있습니다. 이러한 교육의 시작점은 바로 가정이며, 그중에서도 가장 자연스럽고 일상적인 공간인 '밥상머리'입니다.

밥상머리는 단지 음식을 먹는 공간이 아니라, 가족 간의 소통과 가치관 형성의 중심 무대라고 할 수 있습니다. 하루 세 번 반복되는 식사 시간은 아이들에게 안정감을 주고, 동시에 세상을 이해하는 창이 될 수 있습니다. 특히 다양한 나라의 음식과 문화 이야기를 함께 나누면, 자녀는 단순히 맛을 경험하는 것을 넘어, 그 음식이 담고 있는 역사와 전통, 생활 방식까지 배울 수 있습니다.

예를 들어, 부모가 이탈리아 파스타나 일본의 스시를 소개하면서 해당 국가의 문화적 배경을 설명해주면, 아이들은 자연스럽게 세계 각국의 삶의 모습을 이해하게 됩니다. "이 음식은 왜 이렇게 생겼을까?", "이런 요리를 만들게 된 이유는 무엇일까?" 같은 질문은 아이들의 호기심을 자극하고, 스스로 생각하고 탐색하는 능력을 기르는 계기가 됩니다. 이처럼 밥상머리는 아이들이 세계를 이해하는 첫 걸음을 내딛는 교육의 장이 될 수 있습니다.

또한, 밥상머리는 다문화 감수성을 키우는 데에도 큰 역할을 합니다. 다양한 문화권의 음식과 습관을 접하며 자녀는 '다름'이라는 개념에 대해 긍정적으로 인식하게 됩니다. 예를 들어, "이슬람 문화에서는 음식을 머리 위로 넘기지 않아요" 또는 "인도에서는 손으로 음식을 먹는 것이 예의랍니다"라는 이야기는 아이들에게 다른 문화를 이해하고 받아들이는 법을 알려줍니다. 이는 단순한 지식의 전달을 넘어, 차이를 존중하고 포용하는 마음을 심어주는 과정이기도 합니다.

이러한 다문화 교육은 자녀의 사고방식뿐 아니라 태도와 행동에도 영향을 미칩니다. 자신과 다른 사람들을 대할 때 편견보다는 이해를 바탕으로 접근하게 되며, 다양한 환경 속에서도 유연하게 적응할 수 있는 능력을 키워줍니다. 특히 글로벌 사회로 나아가는 오늘날에는 협업과 소통이 중요한 만큼, 서로 다른 문화와 가치관을 존중하는 자세는 미래 사회에서 큰 자산이 됩니다.

밥상머리에서 이루어지는 이런 교육은 또한 자녀에게 글로벌 마인드를 심어주는 데도 효과적입니다. 세계 여러 지역의 문제나 국제적 이슈에 대해 이야기하면서 아이들은 자신의 삶이 얼마나 광범위한 공동체와 연결되어 있는지를 깨닫게 됩니다. 예를 들어, "우리가 먹는 커피는 어디서 왔을까?"나 "지구 반대편에서는 어떤 사람들이 어떻게 살고 있을까?" 같은 질문은 아이들에게 넓은 시야를 제공하고, 환경 보호나 사회적 불평등 같은 글로벌 문제에 대한 관심을 키워줍니다. 이를 통해 아이들은 단순히 정보를 얻는 것에 그치지 않고, 자신의 행동이 세계에 어떤 영향을 미칠 수 있는지를 고민하게 되며, 책임감 있는 시민 의식을 갖추게 됩니다. 더불어, 밥상머리 교육은 단순한 지식 전달을 넘어, 가족 간의 유대감을 강화하고 소통의 질을 높이는 계기가 됩니다. 부모가 아이들과 진심 어린 대화를 나누는 순간, 아이는 사랑받고 있다는 느낌과 함께 세상을 바라보는 균형 잡힌 시각을 배우게 됩니다. 이는 아이들이 건강한 정서를 바탕으로 사고력과 판단력을 갖춘 사람으로 성장하는 데 큰 도움이 됩니다.

결론적으로, 밥상머리는 자녀에게 단순한 식사 공간이 아닌, 세상을 이해하고 가치관을 형성하는 중요한 교육 현장입니다. 다양한 문화권의 음식과 이야기를 통해 자녀는 넓은 시야와 다문화 감수성을 키우며, 차별 없는 포용력과 열린 마음을 갖출 수 있습니다. 부모가 밥상머리에서 세계를 보여주는 작은 실천을 반복한다면, 그 작은 노력은 우리 아이들이 따뜻한 마음과 글로벌 마인드를 갖춘 미래 세대로 성장하도록 돕는 소중한 밑거름이 될 것입니다.

15장

환경 보호와 지속 가능한 삶을 배우는 밥상머리

밥상머리는 단순히 음식을 나누는 공간을 넘어, 자녀에게 환경 보호와 지속 가능한 삶의 가치를 전하는 중요한 교육의 장이 될 수 있습니다. 하루 세 번 반복되는 식사 시간은 가족 간 소통의 기회일 뿐 아니라, 아이들에게 환경 문제에 대한 인식을 심어주고, 일상 속에서 실천할 수 있는 친환경 생활 방식을 배우게 하는 귀중한 순간입니다.

부모가 식사 시간에 "우리가 먹는 음식은 어디서 왔을까?" 또는 "음식을 버리면 어떤 일이 벌어질까?" 같은 질문을 던지면, 자녀는 음식과 환경 사이의 연관성을 자연스럽게 이해하게 됩니다. 예를 들어, 육류 생산이 지구 온난화에 미치는 영향이나 농업 활동이 물 자원을 얼마나 많이 소비하는지를 설명해주면, 아이들은 자신의 식습관이 환경에 어떤 영향을 주는지 고민하게 됩니다.

또한 계절에 맞는 제철 음식이나 지역에서 나는 식재료를 선택하는 이유를 알려주면, 자녀는 자원을 아끼고 환경을 보호하는 구체적인 방법을 배우게 됩니다. 이러한 대화는 아이들에게 음식을 단순히 소비의 대상으로 보는 것이 아니라, 지구의 미래와 연결된 중요한 가치로 바라보게 만듭니다.

밥상머리는 또한 친환경 행동을 습관화하는 데에도 큰 역할을 합니다. 부모가 음식을 아끼고 남기지 않도록 격려하거나, 음식물 쓰레기를 줄이는 방법을 함께 고민해보면, 자녀는 작은 실천이 커다란 변화를 가져올 수 있다는 것을 깨닫게 됩니다. 예를 들어, "남은 음식은 어떻게 활용할 수 있을까?"나 "플라스틱 포장재를 줄이기 위해 우리가 할 수 있는 일은 무엇일까?" 같은 질문은 아이들이 환경을 위한 구체적인 행동을 생각하고 실행하도록 유도합니다. 가족이 함께 음식을 준비하고 정리하면서 재료를 효율적으로 사용하고, 쓰레기를 최소화하는 습관을 들인다면, 자녀는 이를 자연스럽게 일상으로 받아들이며 친환경 생활 방식을 몸에 익히게 됩니다.

특히 밥상머리에서 이루어지는 대화는 자녀에게 지속 가능성의 가치를 내면화시키는 데 효과적입니다. "왜 로컬 푸드를 먹어야 할까?"나 "배달 음식이 환경에 어떤 영향을 미칠까?"와 같은 주제를 통해 아이들은 자신의 소비 습관이 환경에 어떤 영향을 주는지 더 깊이 이해하게 됩니다. 또한, 부모가 직접 실천하는 모습을 보여주는 것은 말로 설명하는 것보다 훨씬 강력한 영향을 미칩니다. 예를 들어, 집안에서 텃밭을 가꾸거나, 장볼 때 재사용 가능한 장바구니를 사용하는 모습을 보여주면, 아이들은 이를 따라 하며 친환경 행동을 자신의 삶에 녹여내게 됩니다. 이처럼 부모의 실천적 모범은 자녀에게 지속 가능한 삶을 살아야겠다는 동기와 책임감을 심어줄 수 있습니다.

밥상머리에서 나누는 환경 이야기는 자녀에게 세계를 바라보는 시야를 넓히고 글로벌 시민으로 성장하는 데도 도움이 됩니다. 부모가 세계 각국의 환경 문제나 기후 변화 상황에 대해 설명하면, 아이들은 자신이 먹는 음식, 쓰는 물, 사용하는 에너지가 전 세계와 연결되어 있다는 사실을 깨닫게 됩니다. "지구 반대편에서는 물 부족으로 사람들이 고통받고 있어" 또는 "바다에 버려진 플라스틱이 얼마나 많은 생명을 위협하고 있을까?" 같은 대화는 아이들에게 환경 문제가 먼 나라의 이야기가 아닌 우리 모두의 책임이라는 인식을 심어줍니다. 이러한 인식은 자녀가 더 넓은 공동체의 일원으로서 책임감을 느끼고, 지속 가능한 삶을 살아가려는 태도를 형성하는 데 기여합니다.

결론적으로, 밥상머리는 자녀에게 단순한 식사 공간이 아닌, 환경 보호와 지속 가능한 삶의 가치를 배우고 실천하는 중요한 교육 현장입니다. 음식을 통해 환경 문제를 이해하고, 일상 속에서 작은 실천을 통해 친환경 생활을 체득함으로써, 아이들은 지구를 사랑하고 존중하는 마음을 키울 수 있습니다. 부모가 의도적으로 밥상머리에서 환경 교육을 실천한다면, 그 작은 노력은 우리 아이들이 지속 가능하고 건강한 세상을 만들어가는 미래 세대로 성장하는 데 든든한 밑거름이 될 것입니다.

4부

우리 집 밥상머리 교육, 어떻게 만들까?

　현대 사회는 바쁜 일상과 디지털 기기의 확산으로 인해 가족이 함께 모여 식사하는 시간이 점차 줄어들고 있습니다. 하지만 밥상머리는 단순히 음식을 나누는 공간이 아닌, 자녀 교육과 소통의 중요한 장입니다. 그렇다면 현실적인 방법으로 우리 집 밥상머리를 만들어가기 위해 어떤 실천 방안이 있을까요?

　우선 바쁜 현대인의 삶 속에서도 규칙적인 식사 시간을 정하고 이를 지키려는 노력이 필요합니다. 부모와 자녀 모두가 하루에 한 끼라도 함께 식사할 수 있도록 의도적으로 시간을 계획해야 합니다. 저녁 식사를 가족이 함께하는 시간으로 정하거나 주말에는 특별한 가족 식사를 준비하는 것도 좋은 방법입니다. 특히 자녀에게 "우리 가족은 이 시간에 모여 식사한다"라는 메시지를 꾸준히 전달하면, 아이들도 자연스럽게 이를 생활화하게 됩니다.

다음으로 밥상머리에서 스마트폰이나 TV 등 디지털 기기를 사용하지 않는 규칙을 만드는 것이 중요합니다. 부모가 먼저 모범을 보이고, 식사 시간 동안 모든 가족 구성원이 기기를 내려놓도록 유도해야 합니다. 이를 통해 대화에 집중할 수 있는 환경을 조성할 수 있으며, 처음에는 어색할 수 있지만 시간이 지나면서 자연스럽게 대화가 늘어나고 가족 간의 유대감도 더욱 깊어질 것입니다.

밥상머리 대화는 부모가 일방적으로 이야기를 주도하기보다 자녀의 관심사와 경험을 중심으로 이루어져야 합니다. 자녀가 학교에서 있었던 일, 친구 관계, 혹은 좋아하는 취미에 대해 자유롭게 이야기할 수 있도록 질문을 던지고 경청하는 것이 중요합니다. 예를 들어, "오늘 하루 중 가장 재미있었던 일은 무엇이었니?" 또는 "요즘 무슨 생각을 많이 해?" 같은 질문은 자녀가 자신의 생각과 감정을 표현하도록 돕습니다. 또한 부모가 자신의 하루를 진솔하게 이야기하면, 자녀도 더 편안하게 대화에 참여할 수 있습니다.

밥상머리는 음식을 통해 다양한 교육적 기회를 제공할 수 있는 공간입니다. 부모는 식사 시간에 음식의 재료, 생산 과정, 문화적 의미 등을 이야기하며 자녀의 시야를 넓힐 수 있습니다. 예를 들어, "우리가 먹는 쌀은 어디서 자라는 걸까?" 또는 "이 음식은 어느 나라에서 유래했을까?"와 같은 질문은 자녀에게 호기심을 자극하고 새로운 지식을 배우는 기회를 제공합니다. 또한 자녀가 직접 요리에 참여하거나 식탁을 차리는 일을 맡게 하면 책임감과 성취감도 함께 느낄 수 있습니다.

처음부터 완벽한 밥상머리를 만들려고 하기보다는 작은 변화부터 시작하는 것이 좋습니다. 매일 함께 식사하기 어렵다면 주 2~3회로 시작하거나, 짧은 시간이라도 모두가 함께 모이는 습관을 들이는 것이 중요합니다. 특별한 날에는 가족이 함께 새로운 요리를 시도하거나 외식을 통해 특별한 추억을 만드는 것도 효과적입니다. 이러한 작은 실천들이 쌓이면 자연스럽게 밥상머리 문화가 자리 잡을 수 있습니다.

밥상머리가 교육의 장이 될 수 있으려면 식사 시간이 긍정적이고 따뜻한 분위기로 유지되어야 합니다. 부모가 자녀에게 지나치게 잔소리하거나 비판적인 태도를 보이면, 자녀는 식사 시간을 부담스럽게 느끼고 대화를 피하려 할 수 있습니다. 따라서 부모는 자녀의 말에 귀 기울이고 공감하며, 실수를 인정하고 격려하는 태도를 보여야 합니다. 이러한 분위기는 자녀에게 안정감을 주고 스스로 생각을 표현하는 용기를 키워줍니다.

또한 밥상머리는 단순히 개인적인 대화를 넘어 사회적·환경적 가치를 녹여낼 수 있는 공간이기도 합니다. 부모는 식사 시간에 다문화 이해, 환경 보호, 공동체 의식 등과 같은 주제를 자연스럽게 이야기하며 자녀의 세계관을 넓혀줄 수 있습니다. 예를 들어, "왜 우리가 제철 음식을 먹어야 할까?" 또는 "다른 나라 사람들은 어떤 방식으로 식사를 할까?"와 같은 질문은 자녀에게 더 넓은 시야를 제공합니다. 이를 통해 자녀는 자신이 세상과 연결된 존재임을 깨닫고 더 나은 세상을 만들기 위한 책임감을 느끼게 됩니다.

마지막으로 밥상머리 교육의 핵심은 꾸준함과 일관성입니다. 한두 번의 노력으로는 큰 변화를 기대하기 어렵습니다. 부모는 자녀가 성장하는 과정에서 꾸준히 밥상머리를 유지하고 이를 통해 자녀와의 소통을 지속적으로 강화해야 합니다. 또한 가족 구성원 모두가 밥상머리의 중요성을 공감하고 함께 실천하려는 의지를 가지는 것이 필요합니다.

결론적으로, 우리 집 밥상머리를 만들기 위해서는 규칙적인 식사 시간 마련, 디지털 기기 사용 제한, 자녀 중심의 대화 주제 선정, 음식을 통한 교육 기회 활용 등 현실적이고 실천 가능한 방법들을 적극적으로 도입해야 합니다. 작은 변화라도 꾸준히 실천한다면 밥상머리는 자녀의 정서적 성장과 인간관계 발달, 그리고 가치관 형성에 중요한 역할을 하는 소중한 공간으로 자리 잡을 것입니다. 부모의 작은 노력이 자녀의 미래에 큰 변화를 가져올 수 있음을 기억하며, 우리의 아이들이 더 건강하고 행복한 사회 구성원으로 성장할 수 있도록 밥상머리를 통해 사랑과 교육의 가치를 전달해야 합니다.

16장
작은 변화부터 시작하는 밥상머리 프로젝트

현대 사회에서 바쁜 일상과 개인의 스케줄로 인해 가족이 함께하는 시간을 확보하기란 쉽지 않습니다. 하지만 밥상머리 교육은 완벽한 형태가 아니라 작은 변화와 실천으로도 충분히 가치를 발휘할 수 있습니다. 매일 10분이라도 가족이 함께 모여 짧은 대화를 나누는 것만으로도 자녀에게 큰 영향을 미칠 수 있으며, 이를 통해 밥상머리 문화를 자연스럽게 만들어갈 수 있습니다.

우선, 매일 10분이라도 함께하는 시간의 가치는 생각보다 큽니다. 현대인들은 바쁜 일정 속에서 모든 식사를 함께하기 어렵더라도, 하루에 한 끼라도 짧게나마 가족과 마주 앉아 음식을 나누고 대화를 나누는 습관을 들이는 것이 중요합니다. 예를 들어, 아침 식사 시간이 부족하다면 저녁에 10분이라도 테이블에 모여 간단한 이야기를 나누는 것이 좋습니다. 이 짧은 시간 동안 부모는 자녀의 하루를 묻고, 자녀는 자신의 생각이나 감정을 표현할 기회를 얻을 수 있습니다. 이러한 소통은 자녀에게 자신이 사랑받고 있다는 안정감을 주며, 정서적 성장에도 긍정적인 영향을 미칩니다. 또한, 규칙적으로 짧은 시간이라도 함께하는 습관이 자리 잡으면 점차 더 긴 시간을 공유할 수 있는 기반을 마련할 수 있습니다.

짧은 대화로도 가능한 밥상머리 교육은 일상 속에서 쉽게 실천할 수 있는 방법입니다. 대화가 길거나 깊이가 있어야만 의미 있는 교육이 되는 것은 아닙니다. 오히려 짧고 간단한 질문이나 이야기를 통해 자녀의 사고를 자극하고, 그들의 관심사를 파악하며, 자연스럽게 교육적인 요소를 전달할 수 있습니다. 예를 들어, "오늘 학교에서 가장 기억에 남는 일이 뭐였니?" 또는 "이 음식을 먹으며 어떤 생각이 들었어?" 같은 질문은 자녀가 자신의 경험을 되돌아보고 자유롭게 표현하도록 돕습니다. 또한, 부모가 자신의 하루 중 작은 일화를 간단히 공유하면 자녀는 부모와의 연결감을 느끼고 더 편안하게 대화에 참여할 수 있습니다. 이러한 짧은 대화는 자녀의 언어 발달, 의사소통 능력, 그리고 논리적 사고를 키우는 데 중요한 역할을 합니다.

특히 짧은 시간의 대화라도 일관성 있게 이루어질 때 더욱 효과적입니다. 매일 짧게라도 대화를 나누는 과정에서 자녀는 부모와의 소통이 일상의 일부임을 느끼게 되며, 이는 신뢰 관계 형성에 큰 도움이 됩니다. 또한, 부모는 자녀의 변화를 관찰하고 필요한 순간에 적절한 피드백을 줄 수 있는 기회를 얻게 됩니다. 예를 들어, 자녀가 스트레스를 받거나 고민이 있을 때 짧은 대화를 통해 이를 발견하고 도움을 줄 수 있습니다. 이처럼 짧은 대화는 단순한 정보 교환을 넘어 감정적 교류와 문제 해결의 장이 될 수 있습니다.

더불어, 짧은 시간의 밥상머리 프로젝트는 현실적이고 지속 가능하다는 장점이 있습니다. 처음부터 완벽한 가족 식사를 목표로 삼기보다는, 작은 실천을 통해 점진적으로 밥상머리 문화를 만들어가는 것이 중요합니다. 매일 10분의 시간을 통해 가족 구성원들이 서로를 더 이해하고 유대감을 쌓아가다 보면, 자연스럽게 더 길고 깊이 있는 대화를 나누는 시간이 늘어날 것입니다. 이렇게 작은 변화가 모여 결국에는 가족의 생활 방식을 바꾸고, 자녀에게 평생 갈 긍정적인 영향을 미칠 수 있습니다.

결론적으로, 작은 변화부터 시작하는 밥상머리 프로젝트는 바쁜 현대인들에게 현실적이고 실천 가능한 방법입니다. 매일 10분이라도 함께하는 시간은 자녀에게 안정감과 소속감을 제공하며, 짧은 대화를 통해 소통과 교육의 가치를 전달할 수 있습니다. 우리는 밥상머리를 통해 자녀와의 소중한 시간을 만들고, 이를 통해 더 건강하고 행복한 가정을 만들어갈 수 있습니다. 부모의 작은 노력이 자녀의 미래에 큰 변화를 가져올 수 있음을 기억하며, 오늘부터 우리 집 밥상머리 프로젝트를 시작해 보는 것은 어떨까요?

이러한 실천은 단순히 식탁 위의 대화를 넘어서, 가족 모두에게 삶의 질을 높이는 소중한 습관이 될 수 있습니다. 특히 자녀가 청소년기를 지나며 점점 부모와의 거리가 멀어질 때, 이런 일상 속의 작은 연결고리는 소통의 다리가 되어줍니다. 부모도 자녀의 세상을 이해하는 계기가 되고, 자녀는 가족이라는 안전지대에서 자신의 목소리를 낼 수 있게 됩니다. 가족 간의 신뢰와 존중은 바로 이런 작은 순간들에서부터 자라납니다.

17장
혼밥 시대에도 가능한 밥상머리 교육

현대 사회는 빠르게 변화하고 있으며, 일상 속 많은 것들이 예전과 달라지고 있습니다. 그중 하나가 '밥상머리 문화'입니다. 과거에는 가족이 함께 모여 식사하며 하루를 나누고 서로의 마음을 나누는 것이 당연한 일이었지만, 지금은 그렇지 못한 경우가 많습니다. 개인주의 확산과 바쁜 일상 속에서 '혼밥'이라는 문화가 일상화되었고, 가족이 함께 식탁을 마주하는 시간은 점점 줄어들고 있습니다. 하지만 그렇다고 해서 밥상머리 교육이 사라져야 할 이유는 없습니다. 오히려 이 시대에 더욱 필요하고, 새로운 방식으로 실천할 수 있는 방법을 고민해야 합니다.

밥상머리 교육은 단지 음식을 함께 나누는 것을 넘어, 가족 간의 소통과 가치관 전달, 정서적 교류의 중요한 역할을 해왔습니다. 특히 어린 자녀들에게는 부모와의 대화를 통해 세상을 이해하고, 자신의 생각을 표현하며 성장합니다. 언어 능력, 의사소통 능력, 감정 조절 능력 등 여러 발달 영역에 긍정적인 영향을 미치며, 자녀가 안정감과 소속감을 느끼는 데도 큰 도움이 됩니다. 이러한 교육적 가치는 결코 사라져서는 안 되며, 형식이 변하더라도 그 본질은 유지되어야 합니다.

그렇다면, 혼밥이 일상화된 지금, 어떻게 하면 밥상머리 교육을 실천할 수 있을까요? 가장 먼저 고려해야 할 것은 '시간의 질'입니다. 완벽하게 모든 식사를 함께하지 않아도 괜찮습니다. 하루에 10분이라도 가족이 함께 모여 짧은 대화를 나누는 습관만으로도 충분히 효과를 볼 수 있습니다. 아침은 여유가 없고 저녁엔 피곤하다면, 주말 어느 한 끼라도 함께 먹으며 이야기를 나눠보는 것도 좋습니다. 중요한 것은 규칙적으로 '함께하는 시간'을 가지는 것입니다.

예를 들어, "오늘 학교에서 가장 기억에 남는 일은 뭐야?"

또는 "오늘 어떤 음식이 제일 맛있었어?" 같은 간단한 질문 하나로도 아이는 자신의 하루를 돌아보고, 자유롭게 생각을 표현할 수 있습니다. 이런 대화는 아이에게 자신이 사랑받고 있다는 느낌을 주며, 부모는 아이의 변화를 관찰하고 필요한 순간에 도움을 줄 수 있는 계기가 됩니다. 이렇게 짧은 대화도 일관되게 이루어진다면, 신뢰 관계를 형성하고 감정적 유대감을 강화하는 데 큰 힘이 됩니다. 또한, 혼밥을 하는 상황에서도 밥상머리 교육의 정신을 살릴 수 있습니다. 예를 들어, 각자가 좋아하는 음식을 준비해 함께 식탁에 앉아 서로의 식사를 나누며 이야기를 들려주는 '공유형 혼밥'은 좋은 접근법입니다. 혹은 직장인 부모가 퇴근 후 늦은 시간에 혼자 식사할 때, 자녀에게 짧은 문자나 전화를 걸어 "오늘은 혼자 먹었지만 이런 생각을 했어"라고 이야기를 전하는 것도 의미 있는 연결입니다. 이를 통해 자녀는 혼자 있는 시간도 소중하게 활용할 수 있고, 부모와의 관계도 이어갈 수 있습니다.

더불어, 혼밥 자체를 부정적인 것으로 보는 시선에서 벗어나야 합니다. 혼밥은 외로움이나 고립의 상징이기보다는, 스스로와의 대화를 나누고 내면을 돌아보는 시간으로 삼을 수 있습니다. 혼자 식사하면서 오늘 있었던 일을 정리하거나, 앞으로의 계획을 세우며 자기 반성을 하는 습관은 자녀들에게도 귀중한 태도가 됩니다. 또한 책이나 팟캐스트 등을 통해 자기계발 활동을 병행한다면, 혼밥 시간을 더욱 가치 있게 보낼 수 있습니다.

디지털 기술을 활용한 방법도 고려해볼 수 있습니다. 가족 구성원들이 물리적으로 떨어져 있어도 화상 통화나 메시지를 통해 서로의 하루를 공유하면, 정서적 연결감을 유지할 수 있습니다. 비록 같은 공간에 있지 않더라도, 관심과 배려를 담은 소통은 물리적 거리를 넘어서 감정의 다리를 만들어 줍니다. 이러한 노력은 혼밥 문화 속에서도 공동체 의식을 회복하고, 가족 간의 유대감을 지속시키는 데 큰 도움이 됩니다.

결론적으로, 밥상머리 교육은 형태가 변하더라도 그 가치는 여전히 유효하며, 오히려 현대 사회에서는 더 창의적인 방법으로 실천할 필요가 있습니다. 매일 10분이라도 함께하는 시간을 만들고, 짧은 대화를 통해 소통과 교육의 가치를 전달할 수 있습니다.

우리는 혼밥 시대에도 자녀와의 소중한 시간을 만들고, 이를 통해 더 건강하고 행복한 가정을 만들어갈 수 있습니다. 부모의 작은 노력이 자녀의 미래에 큰 변화를 가져올 수 있음을 기억하며, 오늘부터 우리 집만의 밥상머리 프로젝트를 시작해 보는 것은 어떨까요?

18장
주말 특별 프로젝트, 가족과 함께 만드는 밥상

현대 사회는 빠르게 변화하며 많은 일상적 습관들이 변하고 있습니다. 그중 하나가 '밥상머리 문화'입니다. 과거에는 가족이 함께 모여 식사하는 것이 자연스러운 일상이었지만, 지금은 개인주의 확산과 바쁜 생활 속에서 '혼밥'이 일상이 되었습니다. 하지만 그렇다고 해서 밥상머리 교육이 사라져야 할 이유는 없습니다. 오히려 이 시대에 더욱 필요하며, 새로운 방식으로 실천할 수 있는 방법을 고민해야 합니다.

밥상머리 교육은 단지 음식을 함께 나누는 것을 넘어, 가족 간의 소통과 가치관 전달, 정서적 교류의 중요한 역할을 해왔습니다. 특히 자녀는 부모와의 대화를 통해 세상을 이해하고, 자신의 생각을 표현하며 성장합니다. 언어 능력, 의사소통 능력, 감정 조절 능력 등 여러 발달 영역에 긍정적인 영향을 미치며, 안정감과 소속감을 느끼는 데도 큰 도움이 됩니다. 이러한 교육적 가치는 결코 사라져서는 안 되며, 형식이 변하더라도 그 본질은 유지되어야 합니다.

그렇다면, 혼밥이 일상화된 지금, 어떻게 하면 밥상머리 교육을 실천할 수 있을까요? 가장 먼저 고려해야 할 것은 '시간의 질'입니다. 완벽하게 모든 식사를 함께하지 않아도 괜찮습니다. 하루에 10분이라도 가족이 함께 모여 짧은 대화를 나누는 습관만으로도 충분히 효과를 볼 수 있습니다. 예를 들어, "오늘 학교에서 가장 기억에 남는 일은?" 같은 간단한 질문 하나로도 아이는 자신의 하루를 돌아보고, 자유롭게 생각을 표현할 수 있습니다. 이런 대화는 아이에게 자신이 사랑받고 있다는 느낌을 주며, 부모는 아이의 변화를 관찰하고 필요한 순간에 도움을 줄 수 있는 계기가 됩니다.

또한, 요리 활동을 통해 가족 간의 유대감을 강화하는 것도 좋은 방법입니다. 주말이나 특별한 날, 가족이 함께 음식을 준비해보는 것은 어떨까요? 요리는 단순한 작업이 아니라 창의적이고 실험적인 활동이기 때문에, 자녀의 상상력과 문제 해결 능력을 자극하는 좋은 기회가 됩니다. 각자 맡은 일을 수행하면서 책임감을 배우고, 부모와 함께 성취감을 느끼는 경험은 자녀의 자존감을 높이는 데 큰 도움이 됩니다.

예를 들어, 가족 모두가 한 달에 한 번 '우리 집 특별 메뉴'를 정해 직접 메뉴 구성부터 장보기, 요리, 정리까지 함께 해보는 것도 좋습니다. "오늘은 이탈리아 가정식을 만들어보자" 또는 "우리가 좋아하는 영화 속 음식을 재현해 보자"와 같은 주제를 정하면, 자녀는 더 큰 흥미를 느끼고 적극적으로 참여하게 됩니다. 이러한 활동은 단순히 음식을 만드는 것을 넘어 세계 각국의 문화를 배우고, 가족이 함께 새로운 경험을 공유하는 계기가 됩니다.

특히 요리가 완성된 후에는 가족이 함께 식탁에 앉아 서로를 칭찬하고 격려하며, 긍정적인 피드백을 나누는 시간을 가지면 더욱 좋습니다. 이는 자녀에게 자신의 노력이 인정받고 있음을 느끼게 하며, 가족 간의 신뢰와 존중을 키우는 데 기여합니다. 또한, 부모가 자녀에게 재료의 특징, 조리 방법, 그리고 음식의 영양적 가치에 대해 설명하면, 아이들은 실용적인 지식을 배울 수 있고, 생활 속에서 스스로를 돌볼 수 있는 능력을 기를 수 있습니다. 혹은 직장인 부모가 퇴근 후 늦은 시간에 혼자 식사할 때, 자녀에게 짧은 문자나 전화를 걸어 "오늘은 혼자 먹었지만 이런 생각을 했어"라고 이야기를 전하는 것도 의미 있는 연결입니다. 디지털 기기를 활용해 원격으로라도 가족과 함께 식사하는 시간을 만들어보는 것도 현대적인 대안이 될 수 있습니다.

결론적으로, 밥상머리 교육은 형태가 변하더라도 그 가치는 여전히 유효하며, 오히려 현대 사회에서는 더 창의적인 방법으로 실천할 필요가 있습니다. 매일 10분이라도 함께하는 시간을 만들고, 짧은 대화를 통해 소통과 교육의 가치를 전달할 수 있습니다. 또한, 요리라는 공동 활동은 가족 간의 유대감을 깊게 하고, 자녀에게 실질적인 교육적 경험을 제공합니다. 우리는 혼밥 시대에도 자녀와의 소중한 시간을 만들고, 이를 통해 더 건강하고 행복한 가정을 만들어갈 수 있습니다. 부모의 작은 노력이 자녀의 미래에 큰 변화를 가져올 수 있음을 기억하며, 오늘부터 우리 집만의 밥상머리 프로젝트를 시작해 보는 것은 어떨까요?

스토리텔링으로 채워가는 밥상머리 대화

　스토리텔링으로 채워가는 밥상머리 대화는 자녀에게 가치관과 지혜를 자연스럽게 전달할 수 있는 효과적인 방법입니다. 이야기는 단순한 정보보다 훨씬 더 깊은 감정적 공감을 불러일으키며, 이를 통해 자녀는 부모가 전하려는 메시지를 쉽게 이해하고 기억하게 됩니다. 특히 현대 사회에서 가족이 함께 보내는 시간이 줄어들고 있는 상황에서, 짧은 식사 시간이라도 의미 있는 대화로 채운다면 자녀에게 오래 남는 추억과 소중한 교훈을 선물할 수 있습니다.

먼저, 이야기를 통해 가치관과 지혜를 전달하는 것은 밥상머리 교육의 핵심이 될 수 있습니다. 부모가 자신의 경험담이나 타인의 이야기를 들려주면, 자녀는 이를 통해 삶의 교훈을 배우고 실천 가능한 방식으로 적용할 수 있습니다. 예를 들어, "어렸을 때 내가 실패했던 경험이 있었는데, 그때 이렇게 극복했어"라는 이야기는 자녀에게 도전과 인내의 중요성을 가르칩니다. 또한, 역사적 사건이나 위인들의 이야기를 소개하면서 "왜 이 사람이 사람들에게 존경받는지"에 대해 설명하면, 자녀는 올바른 가치관을 형성하는 데 큰 도움을 받습니다.

특히 부모가 이야기 속에서 자신이 느낀 감정이나 배운 점을 진솔하게 표현하면, 자녀는 그 내용을 더 생생하게 받아들이며 자신의 삶에도 적용하려는 태도를 갖게 됩니다. 이렇게 스토리텔링을 활용하면 강요나 잔소리 없이도 자녀에게 중요한 교훈을 전달할 수 있습니다.

다음으로, 밥상머리에서 나누는 재미있는 이야기는 가족 간의 소통을 활발하게 만듭니다. 자녀들은 단순히 일상적인 질문이나 대화보다는 흥미로운 이야기에 더 큰 관심을 보이며, 이를 통해 대화가 자연스럽게 확장됩니다. 예를 들어, "옛날에 우리 동네에는 이런 신기한 일이 있었어" 또는 "엄마 아빠가 어릴 때 유행했던 게임 이야기를 해줄까?"와 같은 주제는 자녀의 호기심을 자극하고, 이야기를 듣는 과정에서 가족 간의 유대감도 더욱 깊어집니다. 또한, 세계 각국의 민속 설화나 동화를 들려주거나, 직접 상상력을 발휘해 새로운 이야기를 만들어보는 것도 좋은 방법입니다. 이러한 활동은 자녀의 창의력을 자극하며, 동시에 부모와 자녀가 함께 웃고 즐길 수 있는 특별한 시간이 됩니다.

밥상머리에서의 이야기는 자녀에게 언어 능력과 논리적 사고를 키우는 데도 큰 도움이 됩니다. 이야기를 듣고 이해하는 과정에서 아이들은 새로운 단어와 표현을 습득하며, 이야기의 구조를 파악하는 능력도 발달합니다. 또한, 부모가 이야기를 들려준 후 자녀에게 "이 이야기에서 무엇을 느꼈니?" 혹은 "만약 네가 주인공이라면 어떻게 했을 것 같아?"와 같은 질문을 던지면, 아이들은 스스로 생각하고 분석하는 능력을 기를 수 있습니다. 이런 과정은 자녀가 비판적 사고와 문제 해결 능력을 키우는 데 중요한 역할을 합니다.

또한, 스토리텔링은 자녀에게 정서적 안정감을 제공하는 데도 효과적입니다. 따뜻하고 친근한 이야기는 자녀에게 안정감을 주며, 부모와의 관계를 더욱 돈독하게 만들어줍니다. 특히 부모가 어린 시절의 추억이나 어려웠던 순간을 극복한 이야기를 들려줄 때, 자녀는 부모를 더 인간적으로 바라보고 공감하게 됩니다. 이런 경험은 자녀가 자신의 고민이나 문제를 부모에게 털어놓는 데에도 긍정적인 영향을 미칩니다.

현대 사회에서는 가족 모두가 함께 식탁에 앉는 시간이 줄어들고 있지만, 그렇다고 해서 밥상머리 교육을 포기할 필요는 없습니다. 하루에 10분이라도 함께 모여 짧은 이야기를 나누는 습관만으로도 충분한 효과를 얻을 수 있습니다.

또한, 가족이 함께 음식을 준비하는 요리 활동도 좋은 대안입니다. "오늘은 이탈리아 가정식을 만들어보자"처럼 주제를 정해 요리하고, 그에 맞는 이야기를 나누면 자녀는 문화와 언어, 가치관까지 폭넓게 배울 수 있습니다. 심지어 혼밥을 할 때라도 디지털 기기를 활용해 가족과 이야기를 공유하거나, '공유형 혼밥'처럼 각자의 음식을 함께 나누며 대화를 이어가는 방식도 가능합니다.

결론적으로, 스토리텔링으로 채워가는 밥상머리 대화는 자녀에게 가치관과 지혜를 전달하고, 가족 간의 소통을 활성화하는 데 매우 효과적인 방법입니다. 이야기는 단순한 말의 나열이 아니라 감정과 메시지를 담은 강력한 도구이며, 이를 통해 자녀는 자연스럽게 교육적 가치를 흡수할 수 있습니다.

또한 재미있는 이야기로 가득 찬 밥상머리는 식사 시간을 더욱 즐겁고 유익하게 만들어줍니다. 우리는 일상 속에서 밥상머리를 통해 이야기를 나누며, 자녀에게 사랑과 지혜를 전달하는 행복한 시간을 만들어갈 수 있습니다. 오늘 저녁, 가족과 함께 이야기를 나누며 더 깊은 교감을 나눠보는 건 어떨까요?

 예를 들어, 가족 모두가 한 달에 한 번 '우리 집 이야기 시간'을 정해 서로의 추억이나 꿈을 나누는 자리를 만들어보세요. 작은 실천이지만, 이것이 가족 문화로 자리 잡을 때 자녀는 자신이 사랑받고 있음을 느끼며, 스스로를 소중히 여기는 마음을 키울 수 있습니다. 부모의 따뜻한 이야기 하나가 자녀의 마음을 변화시키고, 미래를 이끄는 힘이 될 것입니다.

20장
우리 집만의 밥상머리 규칙 만들기

우리 집만의 밥상머리 규칙을 만드는 것은 가족 구성원 간의 소통과 협력을 증진시키고, 자녀에게 질서와 존중의 가치를 자연스럽게 배울 수 있는 기회를 제공합니다. 각 가정은 서로 다른 환경과 필요에 따라 자신만의 독특한 규칙을 만들 수 있으며, 이를 통해 밥상머리 시간이 더욱 의미 있고 유익한 공간으로 자리 잡을 수 있습니다.

먼저, 가정마다 다른 밥상머리 규칙을 만드는 과정 자체가 가족 간의 소통과 협력의 중요한 기회가 됩니다. 규칙을 정할 때 부모와 자녀가 함께 이야기를 나누며 어떤 규칙이 필요한지, 왜 그것이 중요한지 논의하는 과정을 통해 자녀는 자신의 의견을 표현하고 가족의 결정에 참여하는 경험을 하게 됩니다. 예를 들어, "식사 시간에는 스마트폰을 사용하지 않는다", "모두가 식탁에 모인 후에야 음식을 먹기 시작한다", 또는 "음식을 남기지 않고 적당히 덜어 먹는다"와 같은 규칙을 정할 수 있습니다. 이러한 규칙들은 단순히 행동을 제한하기 위한 것이 아니라, 가족 모두가 더 즐겁고 편안한 시간을 보낼 수 있도록 돕는 데 목적이 있습니다. 또한, 규칙을 정하는 과정에서 부모가 자녀의 의견을 존중하며 경청하면, 자녀는 자신의 생각이 중요하게 여겨진다는 느낌을 받으며 자존감을 높일 수 있습니다.

다음으로, 규칙을 통해 배우는 질서와 존중은 자녀의 사회적 성장에 큰 영향을 미칩니다. 밥상머리 규칙은 자녀에게 공동체 생활에서 필요한 기본적인 원칙들을 체득하게 합니다. 예를 들어, "다른 사람이 말할 때는 경청한다"라는 규칙은 상대방을 존중하는 태도를 길러주며, "내 차례가 오면 차분히 이야기한다"라는 규칙은 질서와 순서를 지키는 중요성을 알려줍니다. 또한, "식사 전에 감사 인사를 나눈다"라는 규칙은 음식을 준비한 사람에게 감사함을 표현하는 법을 배우게 하고, 이는 자녀가 감사와 배려의 마음을 갖도록 돕습니다. 특히 이런 규칙들이 꾸준히 실천될 때, 자녀는 이를 자연스럽게 습관화하며 일상생활에서도 적용할 수 있게 됩니다.

또한, 규칙을 통해 자녀는 책임감과 자기 통제력을 기를 수 있습니다. 예를 들어, "식사 시간에는 올바른 자세로 앉아 먹는다"거나 "음식을 씹을 때는 조용히 한다"라는 규칙은 자녀가 자신의 행동을 스스로 점검하도록 돕습니다. 부모가 규칙을 강요하기보다는 그 이유를 설명하고 자녀가 스스로 이를 받아들일 수 있도록 유도하면, 자녀는 규칙을 따르는 것에 대해 부담감보다는 성취감을 느끼게 됩니다. 또한, 규칙을 잘 지켰을 때 칭찬하거나 격려하면 자녀는 자신의 노력이 인정받는다는 것을 느끼며 더 적극적으로 실천하려는 동기를 갖게 됩니다.

특히, 우리 집만의 밥상머리 규칙은 가족의 문화와 가치를 반영하는 중요한 도구가 될 수 있습니다. 다문화 가정이라면 각자의 문화적 특징을 존중하며 새로운 규칙을 만들어볼 수도 있고, 환경 보호를 중시하는 가정이라면 "음식물 쓰레기를 줄인다"라는 규칙을 추가할 수도 있습니다. 이렇게 가족의 특성과 가치를 반영한 규칙은 자녀에게 자신이 속한 가정의 정체성을 이해하고 자부심을 느끼게 하는 데 큰 역할을 합니다.

　현대 사회에서는 가족 모두가 함께 식탁에 앉는 시간이 줄어들고 있지만, 그렇다고 해서 밥상머리 교육을 포기할 필요는 없습니다. 하루에 10분이라도 함께 모여 짧은 이야기를 나누는 습관만으로도 충분한 효과를 얻을 수 있습니다. 또한, 가족이 함께 음식을 준비하는 요리 활동도 좋은 대안입니다. "오늘은 이탈리아 가정식을 만들어보자"처럼 주제를 정해 요리하고, 그에 맞는 이야기를 나누면 자녀는 문화와 언어, 가치관까지 폭넓게 배울 수 있습니다. 심지어 혼밥을 할 때라도 디지털 기기를 활용해 가족과 이야기를 공유하거나, '공유형 혼밥'처럼 각자의 음식을 함께 나누며 대화를 이어가는 방식도 가능합니다.

　결론적으로, 우리 집만의 밥상머리 규칙을 만드는 것은 가족 간의 소통을 활성화하고, 자녀에게 질서와 존중의 가치를 배우게 하는 중요한 방법입니다. 규칙은 단순히 행동을 제한하는 것이 아니라, 가족 모두가 행복하고 의미 있는 시간을 보낼 수 있도록 돕는 역할을 합니다. 우리는 규칙을 통해 자녀에게 책임감과 배려심을 길러주고, 동시에 가족의 문화와 가치를 공유할 수 있는 기회를 만들어야 합니다.

오늘부터 우리 가정만의 특별한 밥상머리 규칙을 만들어보는 건 어떨까요? 작은 규칙 하나가 가족의 삶을 더욱 따뜻하고 행복하게 변화시킬 수 있을 것입니다.

5부

밥상머리 교육에서 시작하는 우리 아이의 미래

　밥상머리는 단순히 음식을 나누는 공간이 아닌, 우리 아이들의 미래를 준비하는 중요한 교육의 장입니다. 이곳에서 이루어지는 소통과 교류는 자녀에게 정서적 안정감을 심어주고, 다양한 가치관과 지혜를 전달하며, 사회적 역량을 키우는 데 큰 영향을 미칩니다. 밥상머리를 통해 부모는 자녀에게 사랑과 관심을 표현하고, 세상을 이해하는 넓은 시야를 제공하며, 더 나은 삶을 살아갈 수 있는 도구를 마련해 줄 수 있습니다.

　먼저, 밥상머리에서의 대화는 자녀의 언어 발달과 사고력 향상에 중요한 역할을 합니다. 부모가 자녀에게 질문하거나 이야기를 나누며 공감하는 과정에서 자녀는 자신의 생각을 표현하고 타인의 의견을 존중하는 법을 배웁니다. 이러한 경험은 자녀가 학교와 사회에서 원활한 의사소통을 하고 긍정적인 인간관계를 형성하는 데 큰 도움이 됩니다. 또한, 부모가 일상 속에서 겪었던 경험담이나 문제 해결 방법을 들려주면, 자녀는 이를 통해 실질적인 삶의 교훈을 배우고 자신만의 방식으로 적용할 수 있습니다. 특히 부모가 실패나 도전을 극복한 이야기를 진솔하게 전하면, 자녀는 어려움 앞에서도 포기하지 않고 노력하는 태도를 배울 수 있습니다.

더불어, 밥상머리는 자녀에게 창의력과 비판적 사고를 길러주는 소중한 기회를 제공합니다. 다양한 주제로 대화를 나누거나 문제를 논의하면서, 자녀는 새로운 관점을 발견하고 창의적으로 해결책을 모색하는 습관을 기를 수 있습니다. 예를 들어, "왜 우리는 제철 음식을 먹어야 할까?" 또는 "음식물 쓰레기를 줄이는 게 왜 중요할까?"와 같은 질문은 자녀가 환경 문제를 깊이 있게 고민하도록 유도합니다. 특히 환경 보호, 다문화 이해, 윤리적 소비 등과 같은 현대 사회의 중요한 이슈를 다루면, 자녀는 글로벌 감각과 책임감을 갖춘 시민으로 성장할 수 있습니다.

또한, 밥상머리는 가족 간의 유대감을 강화하고 공동체 의식을 심어주는 역할도 합니다. 함께 요리하고 식사하며 협력하는 과정은 서로를 배려하고 존중하는 마음을 자연스럽게 키워줍니다. 예를 들어, 자녀가 설거지를 돕거나 반찬을 나르는 작은 역할을 맡으면, 이는 자신이 가족의 일원으로서 중요한 역할을 한다는 자부심을 느끼게 만듭니다. 이러한 경험은 자녀가 사회 속에서도 협력적이고 포용력 있는 태도를 유지하도록 돕습니다. 특히 다문화 가정에서는 서로 다른 문화적 배경을 존중하며 융합된 음식과 이야기를 나누는 시간을 통해 자녀가 다양성을 받아들이고 조화롭게 살아가는 법을 배울 수 있습니다.

뿐만 아니라, 밥상머리는 자녀의 정서적 안정감을 높이는 데 중요한 역할을 합니다. 바쁜 일상 속에서 부모와 자녀가 얼굴을 맞대고 앉아 대화하며 웃고 공감하는 시간은 자녀에게 안정감과 소속감을 제공합니다. 부모가 자녀의 하루를 경청하고 그들의 감정을 이해하려 노력하면, 자녀는 부모를 신뢰하고 자신의 고민이나 문제를 털어놓으며 정서적으로 더욱 성숙해질 수 있습니다. 이런 과정은 자녀가 스트레스를 해소하고 건강한 정신 상태를 유지하는 데 큰 도움이 됩니다.

특히, 밥상머리는 자녀에게 실천 가능한 생활 습관을 가르치는 중요한 기회입니다. 예를 들어, 음식을 남기지 않고 적당히 덜어 먹는 습관은 자원을 아끼고 환경을 보호하는 태도로 이어질 수 있습니다. 또한, 부모가 친환경적인 행동을 실천하며 자녀에게 모범을 보이면, 자녀는 자연스럽게 이를 따라 하며 지속 가능한 삶의 가치를 몸소 체득하게 됩니다. 이렇게 작은 실천들이 모여 궁극적으로는 자녀가 환경 문제 해결에 기여하는 책임감 있는 사람으로 성장하도록 돕습니다.

결론적으로, 밥상머리는 우리 아이들의 미래를 준비하는 출발점입니다. 여기서 이루어지는 작은 대화와 실천들이 자녀의 정서적 성장, 사회적 기술, 가치관 형성에 지속적인 영향을 미치며, 궁극적으로는 더 나은 세상을 만들어가는 데 기여할 수 있습니다. 우리는 밥상머리를 통해 자녀에게 사랑과 지혜를 전하고, 그들이 변화하는 시대를 당당하게 살아갈 수 있도록 지원해야 합니다. 오늘 저녁, 우리 집 밥상머리에서 시작된 작은 변화가 결국에는 아이들의 밝은 미래를 만들어가는 첫걸음이 될 것입니다.

밥상머리는 단순한 일상의 한순간이 아니라, 미래 세대를 위한 소중한 유산이 될 수 있습니다. 부모가 자녀에게 전하는 따뜻한 말 한마디, 함께 나눈 웃음, 그리고 작은 실천들이 모여 아이들에게는 평생 잊지 못할 소중한 기억으로 자리 잡습니다. 이를 통해 우리는 자녀가 더 건강하고 행복한 사회 구성원으로 성장하도록 돕고, 더 나아가 모든 사람이 함께 살아가는 지속 가능한 세상을 만들어갈 수 있습니다. 밥상머리에서 시작된 작은 변화가 결국에는 개인과 사회를 변화시키고, 더 나은 내일을 만들어가는 원동력이 될 것입니다.

21장

4차 산업혁명 시대, 밥상머리의 새로운 가능성

　4차 산업혁명 시대는 AI, 메타버스 등 첨단 기술의 발전으로 인간의 삶이 급격히 변화하고 있는 시기입니다. 이러한 변화 속에서도 밥상머리는 여전히 중요한 소통과 교육의 장으로 남아 있으며, 오히려 새로운 가능성을 발견할 수 있는 공간으로 진화하고 있습니다. 기술의 발전은 사람 간의 직접적인 소통을 줄이는 경향이 있지만, 이에 반해 밥상머리는 인간적 소통의 본질을 되살리고 전통과 기술을 융합하여 새로운 가치를 창출하는 역할을 할 수 있습니다.

먼저, AI와 메타버스와 같은 첨단 기술이 확산되면서 인간적 소통의 중요성은 더욱 부각되고 있습니다. 디지털 기기와 가상 세계가 일상 깊숙이 자리 잡으면서 사람들은 점차 얼굴을 맞대고 대화하며 감정을 나누는 시간을 잃어가고 있습니다. 그러나 밥상머리는 여전히 인간다운 소통을 회복할 수 있는 중요한 기회를 제공합니다.

식사 시간 동안 서로의 눈을 바라보고 이야기를 나누며 공감하는 경험은 디지털 기기가 제공할 수 없는 깊이 있는 연결감을 만들어냅니다. 특히 자녀에게 있어 부모와의 대면 소통은 정서적 안정감과 사회적 기술을 형성하는 데 필수적이며, 이를 통해 아이들은 감정을 이해하고 표현하는 법을 배울 수 있습니다. 따라서 4차 산업혁명 시대에도 밥상머리는 인간다움을 유지하고 강화하는 중요한 공간으로 자리매김할 수 있습니다.

또한, 밥상머리는 단순한 식사 공간을 넘어, 가족 구성원 간의 규칙과 협력, 가치관 전달의 현장이 될 수 있습니다. 예를 들어, "식사 중에는 스마트폰 사용하지 않기", "모두 모인 후에 식사를 시작하기" 같은 규칙은 질서와 존중의 태도를 길러주며, 자녀가 공동체 생활에서 필요한 기본 원칙을 자연스럽게 익히는 계기가 됩니다. 이런 규칙들은 부모와 자녀가 함께 논의하고 만드는 과정 자체가 소통과 협력의 좋은 연습이 됩니다. 여기에 가족이 함께 요리하거나 식탁에 앉아 스토리텔링을 나누는 활동은 자녀의 언어 능력, 창의력, 비판적 사고까지 고루 발달시키며, 기술 중심 시대에서도 인간적 감성과 지혜를 기르는 데 큰 도움이 됩니다.

다음으로, 기술과 전통의 융합으로 탄생하는 새로운 형태의 밥상머리는 현대인들에게 편리함과 의미를 동시에 제공할 수 있습니다. 예를 들어, AI 기반 요리 앱이나 스마트 주방 기기를 활용해 가족이 함께 요리를 준비하는 과정은 전통적인 밥상머리 활동에 현대적 요소를 더한 새로운 경험을 선사합니다. 또한, 메타버스를 활용해 물리적으로 멀리 떨어진 가족 구성원들이 가상 공간에서 함께 식사를 하거나 요리 활동을 공유하는 것도 가능해졌습니다. 이러한 방식은 거리의 제약을 넘어 가족 간의 유대감을 강화하는 데 기여할 수 있습니다.

특히 다문화 가정에서는 메타버스를 통해 각자의 문화적 배경을 공유하거나 세계 각국의 음식을 체험하며 글로벌 감각을 키울 수도 있습니다. 이렇게 기술과 전통이 결합된 밥상머리는 전통적인 가치를 지키면서도 현대적 필요를 충족시키는 혁신적인 공간이 될 수 있습니다. 더불어, 4차 산업혁명 시대의 밥상머리는 단순히 음식을 나누는 것을 넘어 지식과 가치를 전달하는 플랫폼으로 발전할 수 있습니다. 부모는 식사 시간에

AI가 어떻게 우리의 삶을 변화시키고 있는지, 메타버스가 미래 사회에 어떤 영향을 미칠 것인지 등에 대해 이야기하며 자녀에게 미래 사회를 이해하는 넓은 시야를 제공할 수 있습니다. 또한, 기술의 발전이 가져올 윤리적 문제나 환경적 영향에 대해 논의하면서 자녀에게 책임감 있는 사고방식을 심어줄 수도 있습니다. 이러한 대화는 자녀가 기술 중심의 사회에서 올바른 가치관을 갖추고 건강한 판단력을 키우는 데 큰 도움이 됩니다.

결론적으로, 4차 산업혁명 시대에도 밥상머리는 인간적 소통과 교육의 본질적 가치를 유지하며 새로운 가능성을 열어가는 중요한 공간입니다. AI와 메타버스와 같은 기술은 우리의 생활 방식을 변화시키고 있지만, 밥상머리를 통해 우리는 그 속에서도 인간적 연결과 감정 교류를 유지할 수 있습니다. 기술과 전통의 융합으로 탄생하는 새로운 형태의 밥상머리는 현대인들에게 편리함과 의미를 동시에 제공하며, 자녀에게 미래 사회를 살아갈 수 있는 핵심 역량을 길러줄 수 있습니다.

예를 들어, 가족 모두가 한 달에 한 번 '미래의 식탁'이라는 주제로 AI 요리법을 따라 해보거나, 메타버스 속 가상의 세계 음식점을 방문해보는 활동을 해보세요. 작은 실천이지만, 이것이 가족 문화로 자리 잡을 때 자녀는 자신이 사랑받고 있음을 느끼며, 동시에 기술과 인간성 사이의 균형을 배울 수 있습니다.

오늘날 우리는 기술의 발전 속에서도 밥상머리가 가진 본질적인 가치를 잊지 않고 이를 새롭게 재해석하는 노력을 통해 더 나은 미래를 만들어갈 수 있습니다. 작은 변화가 모여 결국 우리 아이들의 밝은 미래를 만들어갈 수 있음을 기억하며, 기술과 전통이 어우러진 새로운 밥상머리를 실천해 보는 것은 어떨까요?

22장
미래 세대를 위한
밥상머리 교육 모델

현대 사회는 급격한 기술 발전과 개인주의 확산 속에서 가족 간의 일상적인 소통이 줄어들고 있습니다. 과거에는 자연스러웠던 가족이 함께 식사하는 밥상머리 풍경은 점차 사라지고 있으며, '혼밥'이나 디지털 기기 중심의 식사 문화가 일상이 되었습니다. 그러나 밥상머리는 여전히 자녀에게 중요한 교육의 장이며, 시대의 변화에 맞는 새로운 접근법을 통해 더욱 가치 있는 공간으로 재해석될 수 있습니다.

밥상머리 교육은 단순히 음식을 나누는 것을 넘어, 자녀의 정서적 안정감, 언어 능력, 창의성, 비판적 사고까지 다양한 역량을 키우는 데 기여합니다. 특히 부모와 자녀가 함께 이야기를 나누며 감정을 공유할 때, 자녀는 자신이 사랑받고 존중받는다는 느낌을 받으며 건강한 자존감을 형성하게 됩니다. 예를 들어, "오늘 학교에서 기억에 남는 일은?" 또는 "이 음식을 먹으면서 어떤 생각이 들었어?" 같은 질문은 자녀가 자신의 경험을 표현하도록 유도하며, 자연스럽게 의사소통 능력을 키워줍니다.

4차 산업혁명 시대에는 AI, 메타버스 등 첨단 기술이 일상 깊숙이 스며들고 있지만, 오히려 이러한 변화 속에서 밥상머리의 중요성은 더 부각되고 있습니다. 디지털 환경은 사람 간의 직접적 소통을 줄이고 감정 교류를 약화시키는 경향이 있으나, 밥상머리는 얼굴을 마주 보고 대화하며 진짜 인간적인 연결을 회복할 수 있는 소중한 기회를 제공합니다. 또한, 스마트 요리 기기나 AI 기반 요리 앱을 활용해 가족이 함께 요리하는 활동은 전통과 기술을 융합한 새로운 형태의 밥상머리 경험을 선사합니다. 멀리 떨어진 가족 구성원들과 메타버스를 통해 가상 식탁을 함께하는 것도 가능하며, 이는 물리적 거리를 넘어서는 따뜻한 유대감을 만들어낼 수 있습니다.

미래 세대를 위한 밥상머리 교육 모델은 실용적이면서도 미래지향적인 접근법을 반영해야 합니다. 예를 들어, 가족이 함께 요리하면서 환경 보호나 음식물 쓰레기 줄이기에 대해 논의하거나, 세계 각국의 음식과 문화를 체험함으로써 글로벌 감각을 키울 수 있습니다. 또한, 자녀에게 "이 음식은 어떻게 만들어졌을까?", "AI가 우리의 삶에 어떤 영향을 미칠까?"와 같은 질문을 던지면 문제 해결 능력과 비판적 사고를 자연스럽게 기를 수 있습니다. 가족 규칙을 함께 정하고, 그 규칙을 지키는 과정에서는 질서와 책임감, 상호 존중의 태도도 배울 수 있습니다.

밥상머리 시간은 단순한 식사 공간을 넘어, 자녀에게 가치관과 인성을 전달하는 중요한 유산이 됩니다. 이곳에서 자녀는 사랑과 지혜를 배우고, 공동체 의식과 환경 보호의 중요성을 깨닫습니다. 그리고 이 교육적 경험은 자녀가 성장해 또 하나의 가정을 꾸릴 때도 이어져 다음 세대로 전달되는 소중한 자산이 됩니다. 따라서 밥상머리는 단순히 과거의 전통이 아닌, 현재와 미래를 잇는 살아있는 교육의 장이어야 합니다.

실제로 작은 실천이 큰 변화를 만듭니다. 하루에 10분이라도 가족이 함께 모여 짧은 대화를 나누는 습관만으로도 자녀의 정서적 발달과 언어 능력에 긍정적인 영향을 줄 수 있습니다. 주말에는 가족이 함께 요리하며 협력하는 시간을 갖고, 평일 저녁에는 서로의 하루를 나누는 이야기를 나눠보는 것도 좋은 방법입니다. 이렇게 작은 변화들이 모이면, 우리 아이들은 기술과 인간성이 균형을 이룬 건강한 미래를 맞이할 준비가 된 사람이 될 것입니다.

예를 들어, 한 달에 한 번 '가상 여행 식탁'을 주제로 해외 음식을 만들어보고 해당 국가의 문화를 알아보는 활동을 해보세요. 또는 AI 기반 요리 추천 앱을 활용해 새로운 메뉴를 도전해보며 자녀와 함께 기술을 경험해보는 것도 의미 있는 실천입니다. 이러한 활동은 자녀에게 단순한 식사 시간 이상의 가치를 선물합니다.

결론적으로, 밥상머리는 전통적인 의미를 유지하면서도 시대에 맞는 새로운 가능성을 열어가는 공간입니다. 짧은 시간이라도 매일 함께 모여 대화를 나누는 습관은 자녀에게 큰 영향을 미치며, 작은 실천이 모여 결국 우리 아이들의 밝은 미래를 만들어갑니다. 오늘부터 우리 집만의 밥상머리 프로젝트를 시작해보는 것은 어떨까요? 기술과 전통이 어우러지고, 사랑과 지혜가 나뉘는 밥상머리 속에서 우리는 모두 더 행복한 가정과 사회를 향해 나아갈 수 있습니다.

23장
글로벌 시대, 다문화 밥상머리의 창조

글로벌 시대는 다양한 문화가 공존하고 융합되는 특징을 가지고 있으며, 이는 밥상머리에서도 중요한 변화를 가져오고 있습니다. 다문화 사회 속에서 밥상머리는 단순히 음식을 나누는 공간을 넘어 서로 다른 문화를 이해하고 존중하는 교육의 장으로 자리 잡고 있습니다. 이를 통해 우리는 다양한 문화권의 밥상머리를 비교하고 융합하며, 다문화 가정에서 이를 활용할 수 있는 실질적인 방법을 모색할 수 있습니다.

먼저, 다양한 문화권의 밥상머리를 비교하고 융합하는 것은 글로벌 감각을 키우는 데 큰 도움이 됩니다. 세계 각국의 식사 방식과 문화적 특징은 그 나라의 역사, 가치관, 생활 방식을 반영합니다. 예를 들어, 한국의 밥상머리는 공동체 의식과 배려를 강조하며 여러 반찬을 함께 나누는 것이 특징이라면, 서양의 밥상머리는 개인 접시에 담긴 요리를 중심으로 독립성과 개인주의적 특징을 보여줍니다. 일본의 밥상머리는 계절감과 자연의 순환을 중시하며 정갈함과 절제미를 강조하고, 인도의 밥상머리는 다양한 향신료와 종교적 신념이 반영된 음식을 통해 공동체적·정신적 가치를 표현합니다. 이러한 차이를 이해하고 서로의 문화적 특성을 존중하면서 새로운 형태의 밥상머리를 만들어가는 과정은 자녀에게 다양성을 받아들이고 융합하는 능력을 길러줍니다. 예를 들어, 한 끼의 식사를 통해 한국의 김치와 일본의 미소된장, 멕시코의 타코 등을 동시에 체험하며 다양한 문화를 자연스럽게 학습할 수 있습니다.

다음으로, 다문화 가정에서는 밥상머리를 통해 가족 구성원 간의 문화적 차이를 극복하고 새로운 가족 정체성을 만들어가는 중요한 기회를 제공할 수 있습니다. 다문화 가정에서는 부모와 자녀가 서로 다른 문화적 배경을 가지고 있을 가능성이 크기 때문에, 이를 조화롭게 융합하는 것이 중요합니다.

예를 들어, 한쪽 부모의 전통 음식과 다른 쪽 부모의 전통 음식을 번갈아 가며 준비하거나, 두 문화의 재료와 요리법을 혼합해 새로운 음식을 창조하는 것도 좋은 방법입니다. 또한, 식사 시간에 서로의 문화적 관습이나 전통에 대해 이야기하며 가족 구성원 모두가 상호 이해를 높일 수 있도록 돕는 것이 필요합니다. 특히 자녀에게 "왜 우리가 이 음식을 먹는지" 또는 "어떤 의미를 가지고 있는지"를 설명하며, 자신의 문화적 뿌리를 이해하고 존중하도록 돕는 것이 중요합니다. 이렇게 밥상머리를 활용하면, 다문화 가정에서의 소통과 유대감을 더욱 강화할 수 있습니다.

더불어, 다문화 밥상머리는 자녀에게 포용력과 열린 마음을 심어주는 중요한 역할을 합니다. 다양한 문화권의 음식을 체험하며 자녀는 자신과 다른 방식으로 살아가는 사람들에 대해 더 깊은 이해를 갖게 되고, 이를 통해 편견 없이 세상을 바라보는 법을 배울 수 있습니다. 또한, 부모가 자녀에게 "우리만의 새로운 밥상머리를 만들어보자"라고 제안하며 창의적으로 접근하면, 자녀는 융합과 협력의 과정을 직접 경험하며 문제 해결 능력을 키울 수 있습니다. 이런 경험은 자녀가 미래 사회에서 다양한 배경을 가진 사람들과 협력하며 살아갈 수 있는 소중한 역량을 형성하는 데 큰 도움이 됩니다.

현대 사회에서는 AI, 메타버스 등 첨단 기술이 일상 깊숙이 스며들고 있지만, 오히려 이러한 변화 속에서 밥상머리의 중요성은 더 부각되고 있습니다. 디지털 환경은 사람 간의 직접적 소통을 줄이고 감정 교류를 약화시키는 경향이 있으나, 밥상머리는 얼굴을 마주 보고 대화하며 진짜 인간적인 연결을 회복할 수 있는 소중한 기회를 제공합니다. 스마트 요리 기기나 AI 기반 요리 앱을 활용해 가족이 함께 요리하는 활동은 전통과 기술을 융합한 새로운 형태의 밥상머리 경험을 선사합니다. 멀리 떨어진 가족 구성원들과 메타버스를 통해 가상 식탁을 함께하는 것도 가능하며, 이는 물리적 거리를 넘어서는 따뜻한 유대감을 만들어낼 수 있습니다.

결론적으로, 글로벌 시대의 다문화 밥상머리는 다양한 문화권의 특성을 비교하고 융합하며, 다문화 가정에서 가족 구성원 간의 소통과 이해를 증진시키는 중요한 공간입니다. 이를 통해 우리는 자녀에게 글로벌 감각과 포용력을 길러주고, 다음 세대를 위한 새로운 가정 문화를 만들어갈 수 있습니다.

다문화 밥상머리는 단순히 음식을 나누는 것을 넘어, 서로 다른 문화를 존중하고 조화롭게 융합하는 교육의 장으로 진화해야 합니다. 오늘부터 우리 가정에서도 다양한 문화를 담아낸 새로운 밥상머리를 만들어보는 것은 어떨까요? 작은 변화가 모여 결국에는 더 평화롭고 다채로운 세상을 만들어갈 수 있습니다.

예를 들어, 한 달에 한 번 '세계의 밥상'이라는 주제로 해외 음식을 만들어보고 해당 국가의 문화를 알아보는 활동을 해보세요. 또는 AI 기반 요리 추천 앱을 활용해 새로운 메뉴를 도전해보며 자녀와 함께 기술을 경험해보는 것도 의미 있는 실천입니다. 이러한 활동은 자녀에게 단순한 식사 시간 이상의 가치를 선물합니다.

24장
지금부터 시작하는 밥상머리 리모델링

현대 사회의 빠른 변화 속에서 밥상머리는 단순히 음식을 나누는 공간이 아니라 가족 간 소통과 교육의 중요한 장으로 새롭게 조명받고 있습니다. 하지만 바쁜 일상과 디지털 기기의 확산으로 인해 이 시간이 점차 사라져가고 있는 현실을 마주합니다. 그렇다면 우리는 어떻게 하면 밥상머리를 다시 되살리고 더 의미 있는 시간으로 만들 수 있을까요? 지금부터 작지만 확실한 변화를 위한 실천 과제를 설정하고 독자들과 함께 새로운 도전을 시작할 수 있습니다.

밥상머리를 재구성하기 위해 거창한 계획보다는 작은 실천이 더 중요합니다. 일상 속에서 쉽게 실행할 수 있는 몇 가지 실천 과제를 통해 밥상머리를 조금씩 변화시킬 수 있습니다. 예를 들어, 바쁜 일상 속에서도 하루 한 끼라도 모든 가족이 모여 식사하는 시간을 의도적으로 만들어보는 것이 좋습니다. 저녁 시간을 가족과 함께하는 고정된 시간으로 설정하거나 주말에 특별한 가족 식사를 계획하는 것도 좋은 방법입니다. 이를 통해 자녀는 규칙적인 소통의 시간을 경험하며 안정감을 느낄 수 있습니다. 또한, 식사 시간 동안 스마트폰이나 TV 같은 디지털 기기를 사용하지 않는 규칙을 만들어보세요. 대신 서로의 눈을 바라보고 대화를 나누는 시간을 가져보는 것이 중요합니다. 처음에는 어색할 수 있지만 작은 노력이 쌓이면 자연스럽게 습관이 될 것입니다.

질문 하나로 시작하는 대화도 큰 변화를 가져올 수 있습니다. 매일 한 가지 질문을 던지는 것으로 대화를 시작해 보세요. 예를 들어, "오늘 가장 행복했던 순간은 무엇이었니?" 또는 "우리가 살고 있는 세상에서 개선되었으면 하는 것은 무엇일까?"와 같은 질문은 자녀에게 생각할 거리를 제공하며 더 깊은 대화로 이어질 수 있습니다. 요리 활동에 자녀를 적극적으로 참여시키는 것도 좋은 방법입니다. 재료를 준비하거나 간단한 요리를 맡기는 것만으로도 자녀는 자신이 가족의 일원으로 중요한 역할을 하고 있다는 자부심을 느낄 수 있습니다. 요리 중에 부모와의 대화는 자연스럽게 이루어질 수 있어 더 유익한 시간이 됩니다.

또한, 밥상머리에서 친환경 생활을 실천하는 방법을 찾아보세요. 음식물 쓰레기를 줄이는 방법을 논의하거나 제철 음식과 로컬 푸드를 선택하는 이유를 설명해 보세요. 이러한 작은 실천은 자녀에게 환경 보호의 중요성을 자연스럽게 전달합니다.

밥상머리를 리모델링하려는 노력은 단순히 행동의 변화를 넘어 삶의 방향을 새롭게 설계하는 과정입니다. 독자들이 스스로의 생활 방식을 돌아보고 작지만 확실한 변화를 시작할 수 있도록 몇 가지 질문과 도전 과제를 제안합니다. 먼저 자신의 가정에서 밥상머리 시간이 어떻게 이루어지고 있는지 진단해 보세요. 함께 식사하는 시간이 얼마나 자주 있는지, 그 시간 동안 어떤 대화가 오가는지, 그리고 디지털 기기가 얼마나 자주 사용되는지를 점검해 보는 것이 좋습니다. 이를 통해 개선할 부분을 명확히 파악할 수 있습니다. 다음으로, 가족 구성원 모두가 동의할 수 있는 작은 규칙을 만들어보는 도전을 해보세요. 예를 들어 "식사 시간에는 모두가 이야기를 나눈다", "음식을 남기지 않고 먹는다", 또는 "매주 한 번은 가족이 함께 새로운 요리를 시도한다"와 같은 규칙을 정해 보는 것도 좋습니다.

또한, 밥상머리를 통해 자녀에게 어떤 메시지를 전하고 싶은지 고민해 보세요. 창의력, 문제 해결 능력, 공동체 의식, 환경 보호 등 우리가 자녀에게 전하고 싶은 가치를 구체적으로 정리하면 이를 자연스럽게 대화에 녹여낼 수 있습니다. 그리고 오늘 당장 실천할 수 있는 작은 행동을 찾아보세요. 예를 들어, 오늘 저녁에는 디지털 기기를 내려놓고 가족과 대화를 나눠본다거나, 자녀에게 한 가지 질문을 던져보는 것만으로도 충분합니다.

작은 실천이 쌓여 결국 큰 변화를 만들어낼 수 있습니다. 특정 날을 정해 가족과 특별한 요리를 준비하거나 외식을 통해 새로운 경험을 만들어보는 것도 좋은 도전입니다. 이런 추억은 자녀에게 평생 기억될 소중한 순간이 될 것입니다.

밥상머리 리모델링은 먼 미래의 목표가 아니라 지금 당장 실천할 수 있는 작은 변화에서 시작됩니다. 규칙적인 식사 시간을 마련하고, 디지털 디톡스를 실천하며, 질문 하나로 대화를 열어가는 작은 노력들이 모여 가족의 유대감을 강화하고 자녀의 미래를 준비하는 소중한 시간이 될 수 있습니다. 지금 바로 우리 집 밥상머리를 돌아보고 어떤 변화를 시작할지 고민해 보세요.

독자 여러분은 오늘 무엇을 실천할 수 있을까요? 작은 변화가 모여 결국에는 개인과 가정, 그리고 사회를 변화시키는 힘이 될 수 있음을 기억하며 지금부터 밥상머리 리모델링을 시작해 보는 건 어떨까요? 밥상머리는 단순한 일상의 한순간이 아니라 우리 아이들의 밝은 미래를 만드는 첫걸음이 될 것입니다.

25장

백 년 후에도 기억될 밥상머리의 가치

밥상머리는 단순히 음식을 먹는 공간이 아니라, 가족 간의 소통과 사랑, 가치관 형성을 위한 중요한 장소입니다. 이곳에서 이루어지는 대화와 경험은 시간이 지나도 변함없이 개인과 사회에 긍정적인 영향을 미치며, 후손들에게 전해지는 소중한 유산으로 남습니다. 밥상머리 문화는 단지 한 끼 식사가 아닌, 자녀에게 정서적 안정감과 삶의 지혜를 전하는 교육의 장이며, 백 년 후에도 그 가치는 여전히 빛날 것입니다.

밥상머리에서 나누는 대화는 자녀의 성장에 깊은 영향을 줍니다. 부모의 따뜻한 말 한마디, 함께 나눈 웃음, 그리고 일상 속 작은 실천들이 자녀의 마음속에 오래도록 남는 기억으로 자리 잡습니다. 이러한 순간들은 자녀가 성인이 되어 새로운 가정을 꾸릴 때도 자연스럽게 이어지고, 다음 세대로 계승됩니다. 예를 들어, 환경 보호의 중요성이나 서로를 존중하고 배려하는 태도는 밥상머리에서 자연스럽게 배우고 실천됩니다. 다문화 이해나 윤리적 소비 같은 현대 사회의 핵심 가치들도 밥상머리를 통해 습득되며, 자녀의 인격 형성과 사회성 발달에 기여합니다.

특히 밥상머리는 창의력, 문제 해결 능력, 비판적 사고를 키우는 데 중요한 역할을 합니다. 부모와 자녀가 다양한 주제로 대화를 나누며 세상을 이해하고 새로운 관점을 발견하는 과정은 자녀의 사고를 더욱 풍부하게 만듭니다. "왜 우리는 제철 음식을 먹어야 할까?" 또는 "세상을 더 좋게 만들기 위해 우리가 할 수 있는 일은 무엇일까?" 같은 질문은 자녀가 주변 환경을 깊이 있게 고민하도록 유도하며, 스스로 생각하고 답을 찾는 힘을 길러줍니다. 이러한 경험은 자녀가 미래 사회에서 다양한 도전을 극복하고, 더 나은 세상을 만들어가는 데 필요한 역량을 갖추는 데 큰 도움이 됩니다.

밥상머리는 또한 다양성을 존중하고 포용하는 태도를 배우는 공간이기도 합니다. 세계 각국의 음식과 문화를 체험하면서 자녀는 자신과 다른 방식으로 살아가는 사람들을 이해하게 되고, 편견 없이 세상을 바라보는 시각을 갖게 됩니다. 특히 다문화 가정에서는 서로 다른 문화적 배경을 존중하며 융합된 음식과 이야기를 나누는 시간을 통해 자녀가 다양성을 받아들이고 조화롭게 살아가는 법을 배울 수 있습니다. 부모가 자녀에게 특정 음식의 역사와 문화적 의미를 설명하면, 자녀는 넓은 시야를 갖추고 글로벌 감각을 키울 수 있습니다.

또한 밥상머리는 공동체 의식과 협력의 가치를 전하는 자리이기도 합니다. 요리 준비부터 설거지까지 가족이 함께 참여하면서 자녀는 책임감과 협력 정신을 배우고, '작은 일도 소중하다'는 마음을 가질 수 있습니다. 이러한 경험은 자녀가 사회 속에서도 배려심 있고 협력적인 태도를 유지하는 데 기반이 됩니다. 백 년 후에도 기억될 밥상머리의 가치는 단순히 한 끼 식사나 가족 간의 일상적인 소통을 넘어섭니다. 그것은 개인에게는 정서적 안정감과 사회적 기술을, 사회에는 공동체 의식과 다양성 존중의 가치를 심어주는 중요한 자산이며, 동시에 자녀에게 지속 가능한 삶의 가치와 책임감 있는 행동 방식을 가르치는 교육의 장입니다.

따라서 지금부터라도 밥상머리의 본질적인 가치를 새롭게 인식하고, 작은 실천을 통해 더 나은 미래를 준비해야 합니다. 오늘 저녁 디지털 기기를 내려놓고 가족과 함께 식탁에 앉아 하루를 나누어 보세요. 자녀에게 하루를 묻고, 서로의 이야기를 경청하며 감사한 마음을 표현해 보세요. 이렇게 쌓인 작은 순간들이 모여 평생 기억될 소중한 추억이 되고, 아이들의 밝은 미래를 여는 첫걸음이 될 것입니다. 밥상머리에서 이루어지는 모든 순간(대화, 웃음, 감사, 협력)은 시간이 흘러도 변치 않는 가치를 지닙니다. 이것이 바로 밥상머리가 백 년 후에도 여전히 빛날 수밖에 없는 이유입니다.

가족 간의 진정한 소통은 멀리 떨어져 있을 필요가 없습니다. 매일 함께 하는 식탁에서부터 시작되며, 그 순간들이 모여 들판을 지나 강을 건너, 먼 훗날까지 이어지는 아름다운 유산이 됩니다. 밥상머리는 그래서 단순한 식사 공간이 아니라, 사랑과 가치가 싹트고 자라는 삶의 중심입니다.

6부

대륙별 국가의 밥상머리 교육

　글로벌 밥상머리 교육의 의의는 단순히 음식을 나누는 공간을 넘어, 각 나라의 문화와 전통, 가치관이 반영된 중요한 교육 장소라는 점에서 찾을 수 있습니다. 밥상머리는 자녀들이 예절과 배려심, 협동심, 창의력, 문제 해결 능력, 다문화 감수성 등을 자연스럽게 배우는 첫 번째 학교 역할을 합니다. 특히 현대사회가 다문화 시대로 변화함에 따라 우리 아이들에게 다른 문화를 이해하고 존중하는 마음을 길러주는 것이 중요해졌습니다. 글로벌 국가들의 밥상머리 교육 사례를 통해 우리 가정에서도 적용할 수 있는 새로운 통찰을 얻을 수 있습니다.

　밥상머리는 자녀의 정서적, 사회적, 인지적 성장을 돕는 종합적인 교육의 장입니다. 예컨대 한국에서는 어른 공경과 타인 배려의 마음을, 일본에서는 자연과 조화를 이루는 삶의 중요성을 강조합니다. 중국의 회전형 테이블이나 에티오피아의 공동 접시 문화는 음식을 나누며 협동심과 배려심을 배우는 좋은 예입니다. 프랑스에서는 긴 식사 시간 동안 대화 매너를 배우고, 미국에서는 개인 의견을 자유롭게 표현하는 것을 중시합니다. 스웨덴과 노르웨이에서는 계절 음식과 친환경 재료를 활용하며 환경 보호의 중요성을 자연스럽게 전달합니다.

글로벌 국가들의 밥상머리 교육은 현대 교육의 새로운 방향을 제시합니다. 4차 산업혁명 시대를 맞아 AI와 디지털 기술이 인간관계를 대신할 수 없는 본질적인 가치를 강조하는 만큼, 밥상머리에서 배운 소통 능력과 감정 교류는 미래 세대에게 필수적인 역량이 될 것입니다. 일본의 느긋한 식사 문화는 바쁜 현대인들에게 여유와 균형의 중요성을 일깨워주고, 프랑스의 미각 중심의 식사는 삶의 질을 중시하는 태도를 형성하는 데 도움을 줍니다. 호주의 야외 활동과 결합된 식사 문화는 가족 간 유대감을 강화하며 건강한 생활 방식을 장려합니다.

글로벌 국가들의 사례를 통해 우리는 우리만의 밥상머리 문화를 새롭게 재구성할 수 있는 가능성을 발견할 수 있습니다. 이를 위해 다양한 문화를 체험하거나, 계절별 제철 식재료를 활용하여 자연 친화적 식사를 실천하는 방법을 고려할 수 있습니다. 또한 스마트폰을 멀리하고 진솔한 대화를 나누며 서로의 생각과 감정을 공유하는 시간을 가지는 것도 중요합니다. 음식을 함께 준비하고 나누는 과정을 통해 협동심과 배려심을 배울 수도 있습니다.

글로벌 국가들의 밥상머리 교육은 우리에게 많은 영감을 줍니다. 밥상머리는 단순히 음식을 먹는 공간이 아니라, 자녀의 전인적 성장을 돕고 가족 간 유대감을 강화하며 다문화 세계를 이해하는 소중한 교육의 장입니다. 작은 변화를 통해 우리의 밥상머리를 새롭게 재구성한다면, 그것은 결국 개인과 사회 전체에 긍정적인 영향을 미치는 큰 힘이 될 것입니다.

우리 아이들의 미래를 위해, 그리고 행복한 가정을 위해 지금부터 밥상머리 교육의 가치를 되새겨보는 것은 어떨까요? 밥상머리에서 시작되는 작은 가능성은 결국 우리 모두의 미래를 변화시키는 큰 힘이 될 것입니다. 이러한 밥상머리 교육은 단순히 식사 시간을 의미 있는 것으로 바꾸는 데 그치지 않고, 자녀들이 삶의 태도와 가치 기준을 자연스럽게 습득하게 하는 힘을 지닙니다. 부모가 의식적으로 대화를 이끌고, 다양한 문화에 대한 이야기를 나누며, 음식을 통해 세상을 배우는 경험을 제공할 때, 아이들은 글로벌 시민으로서의 감수성과 생각하는 힘을 키울 수 있습니다. 이러한 점에서 밥상머리 교육은 가정에서 실천할 수 있는 가장 일상적이면서도 강력한 교육 방식이라 할 수 있습니다.

또한 밥상머리 교육은 언어 능력 향상과 사고력 발달에도 긍정적인 영향을 미칩니다. 가족 간 자유로운 대화는 아이들의 표현력과 경청 능력을 키워주며, 다양한 주제에 대한 이해를 돕습니다. 아이가 자신의 생각을 말하고 듣는 과정에서 비판적 사고와 논리적 의사소통 능력도 함께 자라납니다. 이러한 이유로 밥상머리는 단순한 식사 공간을 넘어, 자녀의 전인적 성장에 기여하는 '삶의 교실'이라 불릴 만합니다.

26장
아시아

01. 한국의 밥상머리

한국의 밥상머리는 단순히 음식을 먹는 공간이 아닙니다. 오랜 세월 동안 밥상머리는 가족 간의 유대감을 형성하고, 예절과 공동체 의식, 타인에 대한 배려와 책임감을 자연스럽게 전하는 중요한 교육의 장이 되어 왔습니다. 전통적인 식사 예절은 질서를 지키는 태도를 길러주었고, 한 상에 둘러앉아 다양한 반찬을 함께 나누는 문화는 협동심과 나눔의 정신을 체득하게 했습니다. 제철 재료로 만든 음식은 자연의 순환을 느끼게 하며, 환경 보호와 지속 가능한 삶의 가치를 전달하는 데에도 큰 역할을 했습니다. 이러한 밥상머리의 경험은 자녀에게 '나'보다는 '우리'를 먼저 생각하는 공동체적 사고를 심어주었고, 가족 구성원 간의 감정을 공유하며 서로를 이해하는 소중한 시간이 되어 왔습니다.

하지만 근대화와 산업화 이후 한국의 밥상머리는 점차 변해 왔습니다. 핵가족화와 도시화로 인해 대가족 중심의 전통적인 식사 문화는 점차 줄어들었고, 외식과 패스트푸드 문화의 확산은 집밥의 의미를 약화시켰습니다. 실용성과 효율성을 중시하는 현대적 생활 방식은 개인 접시 중심의 식사 문화를 만들었고, 가족 간의 소통 기회도 함께 줄어들었습니다. 직장인의 야근, 학생들의 학원 일정 등으로 인해 가족이 한자리에 모여 식사하는 것 자체가 어려워졌으며, 밥상머리에서의 진솔한 대화는 점점 사라져 갔습니다.

더불어 디지털 기기의 확산은 밥상머리의 의미를 더욱 희석시키고 있습니다. 많은 가정에서 스마트폰이나 TV를 보며 각자 따로 식사하는 경우가 늘어나고 있으며, 부모와 자녀 간의 대화는 단절되기 쉬운 환경에 놓여 있습니다. 이러한 변화는 자녀의 정서적 안정감과 사회성 발달에 부정적인 영향을 미칠 수 있어 우려의 목소리도 커지고 있습니다.

그럼에도 불구하고 최근 들어 밥상머리의 가치를 다시금 되새기려는 움직임이 나타나고 있습니다. 명절이나 주말에 가족이 함께 모여 전통 음식을 나누며 이야기를 나누는 문화가 회복되고 있으며, 밥상머리를 통해 자녀에게 예절과 공동체 의식, 감정 표현 능력을 가르치고자 하는 노력이 확산되고 있습니다. 특히 팬데믹 이후 가정에서 보내는 시간이 늘어나면서, 밥상머리의 중요성이 새롭게 조명되고 있는 점은 매우 고무적입니다.

앞으로의 밥상머리는 전통적 가치를 지키면서도 현대 사회의 요구를 반영하는 방향으로 진화해야 할 것입니다. 다문화 체험을 통해 글로벌 감수성을 기르고, 제철 재료와 친환경 식재료를 활용해 환경 보호의 중요성을 배울 수 있습니다. 또한 스마트폰을 잠시 내려놓고, 가족 간의 진솔한 대화를 통해 서로의 생각과 감정을 공유하는 시간이 필요합니다. 가족이 함께 요리를 준비하거나 식탁을 차리는 과정은 협동심과 배려심을 자연스럽게 전할 수 있는 좋은 기회가 됩니다.

예를 들어, 새로운 요리법을 고민하거나 다양한 재료를 조합해보는 과정은 자녀의 창의력과 문제 해결 능력을 키우는 데 효과적이며, 세계 각국의 음식을 경험하면서 다른 문화를 존중하는 태도도 함께 배울 수 있습니다. 이를 통해 자녀는 글로벌 시대에 필요한 개방적 사고와 다문화 이해력을 자연스럽게 함양하게 됩니다.

한국의 밥상머리는 전통과 현대를 아우르며 새로운 가능성을 열어갈 수 있는 중요한 공간입니다. 작은 변화라도 지금 시작한다면, 그것은 개인뿐 아니라 사회 전체에 긍정적인 영향을 미치는 큰 힘이 될 것입니다. 우리 아이들의 미래와 행복한 가정을 위해, 오늘 저녁 밥상머리에서부터 그 변화를 시작해보는 것은 어떨까요? 밥상머리에서 피어나는 따뜻한 대화와 나눔은 결국 우리 모두의 삶을 더욱 풍요롭고 의미 있게 만들어 줄 것입니다.

02. 일본의 밥상머리

일본의 밥상머리는 단순히 음식을 먹는 공간이 아닙니다. 그것은 감사와 겸손, 자연과의 조화를 배우는 중요한 교육의 장입니다. 이곳에서 자녀들은 "이타다키마스"라는 인사를 통해

생명에 대한 존중을 배우고, 계절의 흐름을 반영한 음식을 통해 자연과 인간의 연결성을 이해하게 됩니다. 이러한 경험은 자녀가 자신의 정체성을 확립하고, 사회 구성원으로서 필요한 덕목을 습득하는 데 큰 역할을 합니다.

 일본의 식사 문화에서 가장 두드러지는 특징 중 하나는 식사 전후의 감사 인사입니다. 식사 전의 "이타다키마스"는 단순한 인사가 아니라, 음식을 제공한 사람과 자연에 대한 깊은 감사의 표현입니다. 부모는 아이들에게 음식이 어디서 왔는지, 누가 만들었는지를 설명하며, 타인의 노동과 생명의 소중함을 일깨워 줍니다. 식사 후의 "고치소사마"는 식사를 마친 후에도 감사를 잊지 않는 태도를 가르치며, 자녀에게 겸손과 책임감을 심어줍니다.

또한 일본의 밥상머리는 계절을 반영한 음식 문화를 통해 자연과의 조화를 실천합니다. 사계절이 뚜렷한 일본에서는 봄에는 나물, 여름에는 차가운 면 요리, 가을에는 버섯과 고구마, 겨울에는 따뜻한 전골 요리 등 계절에 맞는 식재료를 활용한 요리가 식탁에 오릅니다. 이러한 식습관은 단순히 맛을 즐기는 것을 넘어, 자연의 순환과 생명의 흐름을 체감하게 하며, 자녀에게 환경 보호와 지속 가능한 삶의 중요성을 자연스럽게 전달합니다.

밥상머리는 또한 예절과 규칙을 배우는 공간이기도 합니다. 젓가락 사용법, 음식 나누기, 식사 중의 태도 등은 공동체 생활 속에서 질서와 배려를 실천하는 방법을 가르쳐 줍니다. 음식을 남기지 않고 깨끗이 먹는 습관은 절제와 자기 통제를 배우는 기회가 되며, 이는 사회 속에서 타인과 조화롭게 살아가는 데 필수적인 태도입니다.

일본의 식사는 보통 천천히, 여유롭게 이루어지며, 이는 가족 간의 정서적 교류를 가능하게 합니다. 저녁 식사는 하루를 마무리하며 가족이 서로의 이야기를 나누는 소중한 시간으로 여겨지며, 자녀는 이 시간을 통해 감정을 표현하고 공감하는 법을 배웁니다. 이러한 문화는 바쁜 현대 사회 속에서도 삶의 균형과 여유를 되찾게 해주는 중요한 역할을 합니다.

하지만 현대 일본 사회에서는 밥상머리 문화도 점차 변화하고 있습니다. 핵가족화와 바쁜 일상, 외식과 배달 음식의 증가로 인해 전통적인 식사 문화는 점차 약화되고 있으며, 디지털 기기의 사용 증가로 가족 간의 대화 시간도 줄어들고 있습니다. 감사 인사나 계절 음식의 의미도 점차 희미해지고 있는 현실입니다. 그럼에도 불구하고, 밥상머리의 가치를 되살리려는 움직임도 활발히 이루어지고 있습니다. 일부 가정에서는 주말마다 가족이 함께 요리를 하며 식사의 의미를 되새기고 있고, 학교나 지역 사회에서는 계절 음식 만들기나 전통 요리 체험 프로그램을 통해 아이들에게 밥상머리 문화를 전하고자 노력하고 있습니다.

앞으로의 일본 밥상머리는 전통적 가치를 지키면서도 현대적 요구를 반영하는 방향으로 나아가야 할 것입니다. 매일 짧은 시간이라도 가족이 함께 모여 식사하며 대화를 나누는 습관을 들이고, 제철 재료를 활용한 요리를 통해 자연의 변화를 느끼는 활동을 실천하는 것이 중요합니다. 또한 세계 각국의 음식을 경험하며 글로벌 감수성을 기르는 것도 현대 사회에서 필요한 교육적 요소가 될 수 있습니다.

일본의 밥상머리는 감사와 겸손, 자연과의 조화, 그리고 가족 간의 유대를 실천하는 소중한 공간입니다. 이 작은 식탁 위에서 이루어지는 대화와 나눔은 자녀의 정서적 성장과 사회적 성숙을 이끄는 중요한 밑거름이 되며, 앞으로도 그 가치를 지켜나가야 할 이유가 충분합니다.

03. 중국의 밥상머리

중국의 밥상머리는 단순히 음식을 나누는 공간이 아닙니다. 이곳은 공동체 의식과 집단주의라는 중요한 가치를 배우고 실천하는 교육의 장으로, 자녀가 가족과 사회 속에서 조화롭게 살아가는 법을 자연스럽게 익히는 장소입니다. 큰 그릇에서 함께 음식을 덜어 먹는 전통적인 식사 방식은 협동심과 배려심을 기르는 동시에, 중국 문화가 중시하는 조화와 균형의 정신을 반영하고 있습니다.

중국 밥상머리의 가장 큰 특징은 '공유'에 기반한 식사 문화입니다. 회전 원탁에 다양한 요리를 올려놓고 모두가 함께 나누어 먹는 방식은 단순한 편의가 아니라, '함께 살아간다'는 철학을 담고 있습니다. 부모는 아이들에게 먼저 어른이나 손님에게 음식을 권하는 예절을 가르치며, 타인을 배려하는 태도를 몸소 보여줍니다. 이러한 문화는 개인보다 집단의 화합을 중시하는 중국인의 사고방식을 형성하는 데 중요한 역할을 합니다. 밥상머리에서의 공동체 의식은 단순한 식사 행위를 넘어, 가족 구성원이 하나의 공동체로서 살아간다는 의미를 전달합니다. 자녀는 자신이 독립된 존재가 아닌 전체의 일부임을 깨닫고, 집단의 조화를 위해 노력해야 한다는 책임감을 배우게 됩니다. 특히 중국에서는 가족의 단결과 화합을 매우 중요하게 여기며, 밥상머리는 이러한 가치를 실현하는 핵심 공간으로 기능합니다.

집단주의적 사고 역시 밥상머리에서 자연스럽게 전달됩니다. 중국 사회는 오랜 역사 속에서 집단의 이익을 우선시하는 문화를 발전시켜 왔으며, 이는 식사 문화에도 고스란히 반영되어 있습니다. 다양한 요리를 준비해 모두가 골고루 즐길 수 있도록 하는 방식은 집단의 행복을 중시하는 태도를 보여주며, 대화를 통해 서로의 의견을 존중하고 이해하려는 자세는 사회 속에서 타인과 조화롭게 살아가는 능력을 기르는 데 도움이 됩니다.

밥상머리는 또한 서열과 질서를 존중하는 태도를 배우는 현장이기도 합니다. 식사 시 어른이나 손님에게 먼저 음식을 권하거나 좋은 부분을 양보하는 행동은 단순한 예절을 넘어서, 사회적 규범과 예의를 익히는 중요한 기회가 됩니다. 부모는 이를 직접 실천하며 자녀에게 보여주고, 사회적 질서를 유지하는 방법을 자연스럽게 가르칩니다.

현대 중국 사회에서도 밥상머리 문화는 여전히 중요한 의미를 지니고 있지만, 변화의 흐름도 감지되고 있습니다. 핵가족화와 도시화로 인해 대가족 중심의 전통적 밥상은 줄어들었고, 외식 문화와 디지털 기기 사용 증가로 인해 가족 간 소통도 점차 줄어들고 있습니다. 특히 스마트폰이나 TV를 보며 각자 식사하는 경우가 늘어나면서, 밥상머리에서의 진솔한 대화는 점점 줄어들고 있는 실정입니다.

그럼에도 불구하고, 전통적인 밥상머리 문화를 되살리려는 움직임도 점차 확산되고 있습니다. 명절이나 특별한 날에는 가족이 함께 모여 전통 음식을 나누며 공동체 의식을 되새기고, 일부 가정에서는 주말마다 가족이 함께 요리를 하며 식사의 의미를 되찾고자 노력하고 있습니다. 학교나 지역 사회에서도 전통 음식 체험이나 식사 예절 교육을 통해 밥상머리의 가치를 전하고자 하는 시도가 이어지고 있습니다.

미래의 중국 밥상머리는 전통적 가치를 지키면서도 현대적 요구를 반영하는 방향으로 진화해야 할 것입니다. 매일 짧은 시간이라도 가족이 함께 모여 식사하며 대화를 나누는 습관을 들이고, 제철 재료를 활용한 식사를 통해 자연과의 연결성을 느끼는 작은 실천이 필요합니다. 글로벌 시대에 맞춰 외국 음식 문화를 경험하면서도, 공동체 의식이라는 핵심 가치는 유지되어야 합니다. 이러한 노력이 쌓일 때, 중국의 밥상머리는 앞으로도 세대 간의 가치를 잇고, 사회적 연대를 강화하는 중요한 공간으로 남게 될 것입니다.

04. 인도의 밥상머리

인도의 밥상머리는 단순히 음식을 먹는 공간이 아닙니다. 이곳은 영성과 공동체 의식, 생명 존중의 가치를 배우고 실천하

는 중요한 교육의 장입니다. 손으로 음식을 먹는 전통은 단순한 식사 방식이 아니라, 자연과 직접 연결되는 체험으로 여겨지며, 자녀에게 생명의 소중함과 조화로운 삶의 중요성을 일깨워 줍니다. 또한 종교적 의미와 전통을 통해 정신적 성장을 이루는 공간이기도 합니다.

 인도 밥상머리의 가장 두드러진 특징은 손으로 음식을 먹는 문화입니다. 이는 단순한 습관이 아니라, 음식과의 직접적인 접촉을 통해 자연과 하나 되는 경험을 의미합니다. 자녀는 손으로 음식을 만지며 질감과 온기를 느끼고, 음식이 어떻게 만들어졌는지를 생각하게 됩니다. 이러한 과정은 생명에 대한 감사와 존중을 배우는 기회가 되며, 오른손을 사용하는 관습은 순수함과 예절을 상징하여 자녀가 태도와 질서를 자연스럽게 익히도록 돕습니다.

종교적 의미와 영성은 인도 밥상머리의 핵심 요소입니다. 인도에서는 음식이 단순한 생존 수단이 아니라, 정신적 성장과 연결된 신성한 존재로 여겨집니다. 힌두교, 불교, 자이나교 등 다양한 종교 전통 속에서 음식은 비폭력과 생명 존중의 철학을 담고 있으며, 식사 전후의 기도나 감사 표현은 자녀에게 영적 성찰과 겸손한 태도를 길러줍니다. 특히 '안나 프라샤나'와 같은 의식은 음식이 인간의 삶에서 얼마나 중요한 의미를 가지는지를 상징적으로 보여줍니다.

공동체 의식 또한 인도 밥상머리의 중요한 가치입니다. 인도에서는 큰 접시나 바나나 잎 위에 음식을 담아 여러 사람이 함께 나누어 먹는 문화가 일반적이며, 이는 모든 사람이 평등하다는 메시지를 담고 있습니다. 명절이나 종교 행사 때 가족과 친척, 이웃이 함께 모여 식사하는 모습은 공동체 내 협력과 배려의 태도를 강조합니다. '프라사드'나 '안나다나'와 같은 전통은 자녀에게 나눔과 봉사의 미덕을 자연스럽게 가르칩니다.

현대 사회에서도 인도의 밥상머리는 여전히 중요한 의미를 지니고 있지만, 변화의 흐름도 감지되고 있습니다. 핵가족화와 도시화로 인해 대가족 중심의 식사 문화는 점차 줄어들고 있으며, 외식과 인스턴트식품의 증가로 전통적인 밥상머리의 형태도 약화되고 있습니다. 디지털 기기의 사용 증가로 인해 가족 간의 대화 시간도 줄어들고 있는 현실입니다.

그럼에도 불구하고, 전통적인 밥상머리 문화를 되살리려는 움직임도 이어지고 있습니다. 주말이나 명절에 가족이 함께 전통 음식을 준비하고 나누는 문화가 다시 주목받고 있으며, 일부 학교에서는 전통 요리와 종교적 의미를 배우는 프로그램을 통해 자녀에게 밥상머리의 가치를 전하고자 노력하고 있습니다.

미래의 인도 밥상머리는 전통적 가치를 유지하면서도 현대적 요구를 반영하는 방향으로 나아가야 합니다. 가족이 함께 손으로 음식을 먹으며 자연과의 연결성을 다시금 체감하고, 제철 재료를 활용해 환경 보호의 중요성을 배우는 실천이 필요합니다. 또한 세계 각국의 음식을 경험하며 다문화 감수성을 기르고, 창의력과 문제 해결 능력을 키우는 기회로 삼을 수 있습니다.

결국, 인도의 밥상머리는 다음 세대에게 이어져야 할 소중한 가치와 문화의 출발점입니다. 자녀가 공동체 의식과 영성을 바탕으로 타인을 존중하고 협력하는 태도를 배우도록 하는 데 있어, 밥상머리는 여전히 중요한 역할을 하고 있습니다. 이 작은 식탁 위에서 이루어지는 나눔과 대화는 자녀의 정서적 성장과 사회적 성숙을 이끄는 밑거름이 되며, 인도의 전통과 미래를 잇는 다리로서 그 가치를 이어가야 할 것입니다.

05. 베트남의 밥상머리

베트남의 밥상머리는 단순히 음식을 먹는 공간이 아닙니다. 이곳은 신선한 재료를 활용해 건강한 삶과 균형 잡힌 생활, 자연 존중의 가치를 배우고 실천하는 중요한 교육의 장입니다. 자녀는 밥상머리에서 가족 간 유대감을 형성하고, 자연과 조화롭게 살아가는 삶의 중요성을 깨닫게 되며, 사회 구성원으로서 필요한 덕목을 자연스럽게 체득하게 됩니다. 베트남의 밥상머리는 전통과 현대가 조화롭게 어우러진 공간으로, 자녀의 정체성 확립과 성장에 있어 중요한 역할을 합니다.

　베트남 밥상머리의 가장 큰 특징은 제철 재료와 지역 식재료를 활용한 건강한 식사 문화입니다. 부모는 자녀에게 음식이 어떻게 재배되고 수확되는지를 설명하며, 자연의 순환과 생명의 소중함을 일깨워 줍니다. 매일 아침 시장에서 신선한 야채와 허브를 고르고 요리하는 과정은 자녀에게 자연과 인간의 연결성을 이해하게 하며, 환경 보호와 지속 가능한 삶의 중요성을 자연스럽게 전달합니다. 대표적인 요리인 '꾸온(월남쌈)'이나 '퍼(쌀국수)'는 신선한 재료와 조화로운 맛을 강조하며, 자녀에게 건강한 식습관을 길러주는 데 효과적입니다.

　균형 잡힌 삶의 중요성도 밥상머리에서 배울 수 있습니다. 베트남의 식탁은 다양한 반찬과 주요리가 조화롭게 구성되어 있으며, 이는 단순한 영양 균형을 넘어 삶의 모든 면에서 균형을 유지해야 한다는 철학을 담고 있습니다. 부모는 탐욕을 줄이고 절제하는 태도를 몸소 보여주며, 음식을 적당히 즐기고 남기지 않는 습관을 가르칩니다. 여유롭게 식사하는 문화는 바쁜 일상 속에서도 마음의 평안을 찾는 능력을 기르는 데 도움이 됩니다.

자연 존중은 베트남 식문화의 또 다른 핵심 가치입니다. 다양한 야채와 허브를 사용하는 요리는 자연의 풍요로움을 느끼고 감사하는 마음을 배우는 계기가 됩니다. 음식을 남기지 않고 깨끗이 먹는 습관은 자원을 아끼고 낭비하지 않는 태도를 길러주며, 환경 보호 의식을 함양하는 데 기여합니다. 이러한 식습관은 자녀가 자연과 조화롭게 살아가는 삶의 태도를 형성하는 데 중요한 역할을 합니다.

밥상머리는 또한 가족 간 유대감을 형성하고 공동체 의식을 배우는 소중한 시간이기도 합니다. 저녁 식사는 하루의 마무리이자, 가족이 함께 모여 이야기를 나누고 감정을 공유하는 시간입니다. 부모와 자녀가 진솔한 대화를 나누며 상호 신뢰를 쌓고, 자녀는 자신의 생각을 표현하고 타인의 의견을 경청하는 법을 배웁니다. 이러한 경험은 사회적 관계 형성과 유지에 필수적인 소통 능력을 기르는 데 큰 도움이 됩니다.

현대 사회에서는 밥상머리의 형태가 점차 변화하고 있지만, 이를 되살리려는 노력도 함께 이루어지고 있습니다. 일부 가정에서는 주말이나 명절에 전통 요리를 함께 만들며 자연과 가족의 소중함을 되새기고 있으며, 학교에서는 전통 음식과 자연 존중의 가치를 배우는 프로그램을 운영하고 있습니다. 이러한 움직임은 밥상머리 문화를 현대적으로 재해석하고, 다음 세대에게 그 가치를 전하려는 긍정적인 시도입니다.

  미래의 베트남 밥상머리는 전통적 가치를 유지하면서도 현대적 요구를 반영해야 합니다. 세계 각국의 음식을 경험하며 다문화 감수성을 기르고, 친환경 식습관을 통해 지속 가능한 삶의 중요성을 다시금 인식시킬 수 있습니다. 제철 재료를 활용하거나 남은 음식을 새롭게 요리하는 활동은 자녀에게 자연을 소중히 여기는 마음을 심어주는 좋은 기회가 됩니다.

  베트남의 밥상머리는 자녀의 성장과 발달에 있어 중요한 종합적인 교육의 장입니다. 건강한 삶, 자연 존중, 균형 잡힌 사고, 그리고 따뜻한 소통은 모두 밥상머리에서 시작됩니다. 작은 변화라도 모이면 큰 힘이 될 수 있음을 기억하며, 밥상머리가 다시금 가정의 중심으로 자리 잡기를 기대합니다.

27장

아메리카

06. 미국의 밥상머리

미국의 밥상머리는 단순히 음식을 나누는 공간이 아니라, 자유로운 대화와 상호 존중을 바탕으로 한 중요한 교육의 장입니다. 이곳에서 가족은 서로의 생각과 감정을 나누며 유대감을 형성하고, 자녀는 독립적인 사고와 자기표현 능력을 자연스럽

게 배우며 성장합니다.

　미국 밥상머리 문화의 가장 큰 특징은 개방적이고 자유로운 대화 분위기입니다. 식사 시간은 단순한 식사 행위를 넘어, 가족 구성원들이 하루를 돌아보고 다양한 주제에 대해 이야기를 나누는 소중한 시간으로 여겨집니다. 부모는 자녀의 의견을 경청하고 존중하며, 자녀가 자신감을 갖고 자신의 생각을 표현할 수 있도록 격려합니다. 이러한 태도는 자녀의 창의적 사고와 문제 해결 능력을 키우는 데 긍정적인 영향을 미칩니다.
　자유로운 대화는 자녀의 창의력과 비판적 사고 능력을 함께 길러줍니다. 식사 중 나누는 다양한 주제의 대화는 자녀가 세상을 바라보는 시야를 넓히고, 새로운 아이디어를 도출하는 데 도움이 됩니다. 또한 실패를 두려워하지 않고 자신의 생각을 표현하는 용기를 갖게 하며, 부모는 조언보다는 공감과 경청을 통해 자녀의 감정을 이해하고 지지하는 역할을 합니다.

　독립성과 자기표현은 미국 밥상머리의 또 다른 핵심 가치입니다. 자녀가 음식 선택이나 요리 준비 과정에 참여함으로써 자신의 개성을 표현하고, 동시에 책임감을 배우는 기회를 갖게 됩니다. 다양한 주제에 대해 열린 대화를 나누며 자녀는 자신의 생각을 명확하게 전달하고, 타인의 입장을 존중하는 소통 능력을 기르게 됩니다. 이는 미래 사회에서 협력하고 적극적으로 목소리를 낼 수 있는 역량으로 이어집니다.

실용성과 효율성을 중시하는 미국의 생활 방식은 밥상머리에서도 반영됩니다. 바쁜 일상 속에서도 짧은 시간이라도 가족이 함께 모여 식사하며 대화를 나누는 습관은 소통의 중요성을 일깨워 줍니다. 외식이나 배달 음식이 일반화되어 있지만, 다양한 나라의 음식을 함께 즐기며 다문화 감수성을 기르는 계기가 되기도 합니다. 이러한 경험은 자녀가 다양한 문화를 이해하고 존중하는 태도를 기르는 데 도움이 됩니다.

그러나 현대 사회에서는 디지털 기기의 사용 증가로 인해 밥상머리의 소통 기능이 약화되고 있는 현실도 존재합니다. 많은 가정에서 스마트폰이나 TV를 보며 식사하는 경우가 늘어나면서, 가족 간의 진솔한 대화가 줄어들고 있습니다. 이에 따라 일부 가정에서는 매일 짧은 대화 시간을 정하거나, 주말마다 함께 요리를 하며 가족 간 유대감을 회복하려는 노력을 기울이고 있습니다.

미래의 밥상머리는 전통적 가치를 유지하면서도 현대적 요구를 반영해야 합니다. 세계 각국의 음식을 경험하며 글로벌 감각을 키우고, 친환경 재료를 활용해 지속 가능한 삶의 중요성을 전달하는 등 다양한 변화를 담아낼 수 있습니다. 또한 디지털 기기를 멀리하고, 오롯이 서로에게 집중하는 식사 시간을 통해 가족 간의 정서적 유대를 강화할 수 있습니다.

미국의 밥상머리는 자녀의 정체성 확립과 사회성 발달에 중요한 역할을 하는 종합적인 교육의 장입니다. 자유로운 대화와 상호 존중의 문화는 밥상머리에서 시작되며, 작은 실천이 모이면 큰 변화를 이룰 수 있다는 점을 기억할 필요가 있습니다. 오늘 저녁, 가족과 함께하는 식탁에서부터 그 변화를 시작해 보는 것은 어떨까요?

07. 멕시코의 밥상머리

멕시코의 밥상머리는 단순히 음식을 먹는 공간이 아닙니다. 이곳은 축제 같은 분위기 속에서 가족 간 따뜻한 소통이 이루어지는 중요한 교육의 장입니다. 자녀는 이 공간에서 낙천성과 포용력, 협동심 같은 핵심 가치를 자연스럽게 배우고 실천하며, 자신의 정체성을 확립하고 사회 구성원으로서 필요한 덕목을 체득하게 됩니다.

멕시코 밥상머리의 가장 큰 특징은 활기차고 따뜻한 분위기입니다. 식사 시간은 단순한 영양 섭취를 넘어, 가족이 함께 모여 하루를 돌아보고 웃음을 나누는 소중한 순간입니다. 명절이나 특별한 날에는 온 가족이 함께 요리를 준비하고, 식탁을 중심으로 축제 같은 분위기를 즐깁니다. 이러한 환경은 자녀에게 삶의 작은 기쁨을 발견하고 누리는 법을 가르치며, 어려움 속에서도 긍정적인 태도를 유지하는 힘을 길러줍니다.

낙천성은 멕시코 밥상머리의 핵심 가치 중 하나입니다. 멕시코인들은 삶의 고난 속에서도 웃음을 잃지 않고, 서로를 격려하고 지지하는 문화를 형성해 왔습니다. 부모는 자녀에게 "삶은 힘들 수 있지만, 우리는 함께 웃으며 극복할 수 있다"는 메시지를 전하며, 긍정적인 사고방식을 몸소 보여줍니다. 이러한 태도는 자녀가 복잡한 사회 속에서도 낙관적인 시각을 유지하며 성장하는 데 큰 도움이 됩니다.

포용력 또한 밥상머리에서 배우는 중요한 덕목입니다. 멕시코의 다양한 음식 문화는 서로 다른 배경을 가진 사람들과 조화롭게 살아가는 방법을 가르칩니다. 예를 들어, 타코스나 부리토처럼 각자의 취향에 따라 다양하게 조리되는 음식은 차이를 존중하고 받아들이는 태도를 반영합니다. 누구나 동등하게 대우받으며 음식을 즐기는 모습은 자녀에게 평등과 상호 존중의 중요성을 자연스럽게 전달합니다.

협동심과 책임감도 밥상머리에서 자연스럽게 길러집니다. 가족이 함께 요리를 준비하고 뒷정리를 하는 과정은 자녀에게 공동체 의식과 협력의 가치를 심어주는 기회가 됩니다. 어린 자녀도 간단한 역할을 맡아 가족의 일에 참여하면서 자신이 기여하고 있다는 성취감을 느끼고, 이는 더 넓은 사회에서도 협력하고 기여하는 능력으로 이어집니다.

현대 사회에서는 밥상머리의 형태가 변화하고 있지만, 이를 되살리려는 노력도 이어지고 있습니다. 일부 가정에서는 주말마다 전통 요리를 함께 만들거나, 명절에 가족이 모여 축제처럼 식사하는 시간을 가지며 밥상머리의 의미를 되찾고 있습니다. 학교에서도 멕시코 전통 요리와 문화를 배우는 프로그램이 도입되어, 전통 가치의 계승에 기여하고 있습니다.

미래의 밥상머리는 전통적 가치를 유지하면서도 현대적 요구를 반영해야 합니다. 세계 각국의 음식을 경험하며 다문화 감수성을 키우고, 제철 재료를 활용해 친환경적인 생활 방식을 실천하는 것도 가능합니다. 남은 음식을 활용해 새로운 요리를 만드는 활동은 자녀에게 자원을 소중히 여기는 마음을 심어주는 좋은 기회가 됩니다.

멕시코의 밥상머리는 자녀의 성장과 발달에 있어 중요한 종합적인 교육의 장입니다. 자유로운 대화와 상호 존중은 밥상머리에서 시작되며, 가족 간의 유대감과 공동체 의식은 이 공간을 통해 더욱 깊어집니다. 작은 변화라도 모이면 큰 힘이 될 수 있음을 기억하며, 밥상머리가 다시금 가정의 중심으로 자리 잡기를 기대합니다.

08. 캐나다의 밥상머리

캐나다의 밥상머리는 단순히 음식을 먹는 공간을 넘어, 다문화 사회의 가치와 다양성을 가장 잘 보여주는 상징적인 장소입니다. 세계 각국에서 온 이주민들의 문화가 공존하는 캐나다에서는 식탁이 곧 문화 교류의 현장이며, 가족과 친구가 모여 서로의 배경과 전통을 나누는 중요한 소통의 창으로 기능합니다.

　캐나다의 식탁에는 중국의 만두, 인도의 커리, 이탈리아의 파스타, 멕시코의 타코 등 다양한 민족의 음식이 함께 오릅니다. 이는 단순한 식사 메뉴를 넘어서, 각자의 문화적 정체성을 표현하고 존중하는 방식입니다. 특히 자녀들은 부모로부터 전통 음식을 배우며 자신의 뿌리를 이해하고, 또래들과 함께 다른 문화의 음식을 경험하며 포용력을 키워갑니다. 이러한 일상 속의 다문화 체험은 '다름'을 차별의 대상이 아닌 존중과 배움의 대상으로 받아들이는 태도를 형성하는 데 큰 역할을 합니다.

　밥상머리는 세대 간 소통과 문화 전승의 장이기도 합니다. 원주민 가정에서는 선조들의 지혜가 담긴 전통 음식을 통해 자연과 조화롭게 살아가는 삶의 방식을 전달하고, 이민자 가정에서는 본국의 요리를 통해 자녀들에게 고향의 정서와 역사적 맥락을 설명합니다. 동시에 새로운 세대는 이를 현지화하거나 융합해 독창적인 퓨전 요리를 만들어내며, 문화적 혁신의 기반을 마련합니다.

캐나다의 밥상머리는 공동체 의식을 강화하는 매개체로도 작용합니다. 도시 곳곳에서 열리는 푸드 페스티벌이나 국제 마켓은 다양한 문화의 음식을 즐기며 사람들 사이의 유대감을 키우는 장이 됩니다. 이는 지역사회 내 화합을 도모하고, 서로 다른 배경을 가진 사람들이 함께 살아가는 법을 배우는 기회로 이어집니다. 더불어 건강과 지속 가능성에 대한 인식도 밥상머리에서 형성됩니다. 다양한 전통 요리에서 영감을 받은 균형 잡힌 식단과 로컬 푸드 운동은 개인의 건강뿐 아니라 환경 보호에도 기여합니다. 채식주의나 비건 식문화의 확산 역시 글로벌 트렌드 속에서 책임 있는 소비를 실천하는 계기가 되고 있으며, 자녀들은 이를 통해 음식 선택이 환경과 사회에 미치는 영향을 자연스럽게 인식하게 됩니다.

현대 사회에서는 바쁜 일상과 디지털 기기의 사용 증가로 인해 가족 간의 식사 시간이 줄어들고 있지만, 이를 회복하려는 움직임도 활발히 이루어지고 있습니다. 일부 가정에서는 주말마다 가족이 함께 요리를 하거나, 특정 요일을 '가족 식사 시간'으로 정해 대화를 나누는 시간을 마련하고 있습니다. 학교나 지역 커뮤니티에서도 다문화 요리 체험이나 전통 음식 만들기 프로그램을 통해 밥상머리의 가치를 되살리려는 노력이 이어지고 있습니다.

캐나다의 밥상머리는 다문화 사회의 축소판이자, 포용력과 글로벌 감각을 키우는 종합적인 교육의 장입니다. 음식을 통해 다양한 문화를 이해하고 존중함으로써, 자녀는 자신의 정체성을 확립하고, 사회는 더욱 건강하고 조화로운 방향으로 나아갈 수 있습니다. 밥상머리에서 시작된 작은 대화와 나눔이 결국 더 넓은 세계를 이해하고 연결하는 힘이 된다는 사실을 기억할 필요가 있습니다.

특히 캐나다처럼 다문화가 일상인 사회에서는 밥상머리 문화가 단순한 식사 시간을 넘어, 사회 통합과 평화로운 공존의 기반이 되는 중요한 교육적 장치라고 할 수 있습니다. 가족 간의 따뜻한 대화와 다양한 음식의 교류는 미래 세대에게 열린 마음과 글로벌 시민으로서의 자질을 길러주는 소중한 경험이 됩니다.

28장
유럽

09. 프랑스의 밥상머리

프랑스의 밥상머리는 단순히 음식을 먹는 공간이 아니라, 사회적 예절과 삶의 질을 중시하는 문화를 배우고 실천하는 중요한 교육의 장입니다. 긴 식사 시간 동안 가족은 대화를 나누며 감정을 공유하고, 미각을 통해 섬세한 감각을 기르며 자녀가

자신의 정체성을 확립하고 공동체 구성원으로 성장하도록 돕습니다.

프랑스 밥상머리의 가장 큰 특징은 여유로운 식사와 대화 중심의 문화입니다. 프랑스인들은 식사를 서두르지 않고 여러 코스로 구성된 요리를 천천히 즐기며, 이 시간을 가족 간 소통의 기회로 삼습니다. 부모는 자녀와 하루를 돌아보거나 다양한 주제에 대해 토론하며, 아이가 자신의 생각을 표현하고 타인의 의견을 존중하는 법을 배우도록 독려합니다. 이러한 대화는 단순한 정보 전달을 넘어 공감과 이해를 바탕으로 한 인간관계 형성 능력을 키웁니다.

미각의 발달 또한 프랑스 밥상머리에서 중요한 역할을 합니다. 프랑스에서는 음식의 맛과 질감, 향 등을 세심하게 느끼며 즐기는 것을 중시합니다. 다양한 제철 재료와 지역별 요리를 경험하면서 자녀는 자연과 인간의 연결성을 깨닫고, 지속 가능한 삶의 중요성을 자연스럽게 학습합니다. 이를 통해 감각뿐 아니라 삶의 작은 행복을 발견하는 능력도 함께 키워집니다.

사회적 예절은 프랑스 밥상머리의 또 다른 핵심 가치입니다. 테이블 매너와 식사 예절은 외형적인 규칙을 넘어서, 타인에 대한 존중과 공동체 내 질서를 배우는 과정입니다. 예를 들어, 손님에게 좋은 자리를 권하거나 어른을 먼저 배려하는 모습은 사회적 배려와 기본 예의를 실천하는 순간입니다. 이를 통해 자녀는 타인과 조화롭게 살아가는 덕목을 몸소 체득하게 됩니다. 프랑스인들은 식사를 단순한 생리적 욕구 충족이 아닌 삶의 질을 높이는 활동으로 인식합니다. 여유와 균형을 강조하는 식사 문화는 자녀에게 '즐거움'과 '균형 잡힌 삶'의 중요성을 일깨워줍니다. 특히 저녁 식사는 하루를 마무리하며 가족이 서로를 위로하는 시간으로 자리 잡고 있습니다.

현대 사회에서는 바쁜 일상과 디지털 기기 사용 증가로 인해 전통적인 밥상머리 문화가 약화되고 있지만, 이를 되살리려는 노력도 늘고 있습니다. 일부 가정에서는 주말마다 전통 요리를 함께 만들거나, 명절에는 가족이 모여 오래 앉아 대화를 나누며 밥상머리의 의미를 되찾고 있습니다. 학교에서도 미각 교육 프로그램을 도입해 음식에 대한 이해와 감수성을 키우고 있습니다.

미래의 밥상머리는 전통적 가치를 유지하면서 글로벌 시대의 요구를 반영해야 합니다. 세계 각국의 음식을 경험하며 다문화 감수성을 기르고, 친환경 재료를 활용해 지속 가능한 생활 방식을 전파하는 것도 가능합니다. 예를 들어, 가정에서 한 달에 한 번 다른 나라의 요리를 만들어 보며 그 문화를 배우는 활동은 개방적 사고를 키우는 데 효과적입니다.

프랑스의 밥상머리는 인간관계와 삶의 본질을 배우는 종합적인 교육의 장입니다. 작은 대화와 행동들이 모여 사회 전체에 긍정적인 영향을 줄 수 있으며, 밥상머리가 다시금 가정의 중심으로 자리 잡기를 기대합니다.

10. 이탈리아의 밥상머리

이탈리아의 밥상머리는 단순한 식사 공간을 넘어, 가족 간 유대감을 키우고 전통을 이어주는 중요한 교육의 장입니다. 음식을 함께 만들고 나누는 과정은 공동체 의식과 협동심을 길러주며, 자녀가 책임감과 타인에 대한 존중을 자연스럽게 배

우는 기회가 됩니다.

　가족이 함께 요리를 준비하는 시간은 세대 간 소통과 정서적 교류의 소중한 순간입니다. 파스타, 리조또, 피자 같은 지역 고유 음식을 만들며 아이들은 부모와 협력하고, 재료 손질이나 테이블 세팅 같은 작은 역할을 맡으며 자신이 가족 안에서 중요한 존재임을 느낍니다. 이는 음식에 담긴 사랑과 정성을 이해하고, 타인의 노력과 노동을 존중하는 마음을 키우는 바탕이 됩니다.

　식사 시간은 감정을 나누고 대화를 나누는 따뜻한 공간입니다. 이탈리아인들은 여유롭게 여러 코스로 식사를 즐기며, 가족 간 깊은 대화가 오갑니다. 아이들은 자신의 생각을 표현하고, 부모로부터 공감과 조언을 받으면서 사회적 소통 능력을 기르게 되며, 인간관계의 기본 가치를 습득합니다.

　이탈리아의 밥상머리 문화는 자연과 전통을 존중하는 태도도 함께 전달합니다. 제철 재료를 사용해 계절의 변화를 느끼고, 지역 전통 음식을 통해 가족의 역사와 문화를 배우면서 환경 보호와 지속 가능한 삶의 중요성을 체득하게 됩니다. 다양한 맛과 향신료를 경험하며 미각을 발달시키는 것도 빠질 수 없는 요소입니다. 이탈리아에서는 식사를 생리적 필요 이상으로 여기며, 삶의 질과 행복감을 연결지으려는 태도를 강조합니다. 여유 있는 식사 시간은 바쁜 일상 속에서도 마음의 평온과 만족을 줍니다.

현대 사회에서는 디지털 기기와 바쁜 일정 때문에 전통적인 밥상머리 문화가 약화되고 있지만, 이를 되살리려는 노력도 늘고 있습니다. 주말마다 가족이 함께 요리하거나 명절 때 오랜 대화를 나누는 가정이 많아지고 있으며, 학교에서도 미각 교육과 계절 재료를 활용한 프로그램을 통해 전통 가치를 다음 세대에 전달하려는 시도가 활발합니다.

미래의 밥상머리는 전통을 계승하면서 현대적 감수성도 반영해야 합니다. 세계 각국의 요리를 함께 만들어보며 다문화 감수성을 키우거나, 친환경 재료를 선택해 지속 가능성의 가치를 실천하는 방식도 좋은 예입니다. 예를 들어 매달 한 번씩 다른 나라의 음식을 만들어보는 활동은 아이들의 열린 사고와 문화적 이해를 넓히는 데 도움이 될 것입니다.

결국 이탈리아의 밥상머리는 단순한 식사 공간이 아니라, 삶의 본질과 인간관계를 배우는 소중한 교육의 현장입니다. 작은 대화와 행동들이 모여 가족을 더욱 단단히 연결하고, 나아가 건강한 사회를 만드는 힘이 될 수 있습니다. 그래서일까요?

이탈리아 사람들은 언제나 밥상머리에서 사랑과 삶의 의미를 다시금 되새깁니다. 특히 글로벌화가 진행되는 오늘날, 이처럼 일상 속에서 자연스럽게 전통과 정서를 배우고 실천할 수 있는 밥상머리 문화는 미래 세대에게 인문학적 감수성과 글로벌 시민성 모두를 동시에 기를 수 있는 귀중한 교육 자산이라 할 수 있습니다.

11. 영국의 밥상머리

영국의 밥상머리는 단순히 음식을 먹는 공간을 넘어, 규칙 준수와 상호 존중이라는 중요한 가치를 배우고 실천하는 종합

적인 교육의 장입니다. 이곳에서 자녀는 테이블 매너와 대화 예절을 통해 사회적 규범을 이해하고, 타인을 존중하며 살아가는 법을 자연스럽게 습득합니다.

영국의 밥상머리 문화는 특히 테이블 매너와 대화 예절에 큰 의미를 둡니다. 식사 시간은 단순한 생리적 행위가 아니라, 질서와 예절을 배우는 기회로 여겨집니다. 부모는 자녀에게 나이프와 포크 사용법부터 시작해 올바른 자세와 음식 섭취 방법을 가르치며, 이를 통해 외형적인 행동뿐 아니라 공동체 내에서 지켜야 할 기본 덕목을 체득하게 합니다. 예를 들어, "말할 때는 음식을 다 삼킨다"거나 "다른 사람의 이야기를 방해하지 않는다"는 규칙은 자녀에게 상호 존중과 경청의 중요성을 일깨워줍니다.

대화 중심의 식사 문화도 영국 밥상머리의 특징입니다. 다양한 주제에 대해 자유롭게 의견을 나누며, 자녀는 자신의 생각을 논리적으로 표현하고 타인의 입장을 존중하는 능력을 기릅니다. 이를 통해 창의적 사고와 문제 해결 역량도 함께 발전하며, 사회 구성원으로서 필요한 소통 역량을 자연스럽게 함양하게 됩니다.

규칙 준수는 영국 사회의 핵심 가치 중 하나로, 밥상머리에서도 그대로 반영됩니다. "식사 전 손 씻기", "식사가 끝날 때까지 자리를 뜨지 않기" 같은 작은 습관들은 질서와 책임감을 배우는 시작점입니다. 이러한 규칙들은 아이들에게 '왜' 지켜야 하는지를 설명하며 점차 내면화되며, 신뢰받는 사회 구성원으로 성장하는 기반이 됩니다.

현대 사회에서는 바쁜 일상과 디지털 기기 사용 증가로 인해 전통적인 밥상머리 문화가 약화되고 있지만, 이를 되살리려는 노력도 늘고 있습니다. 일부 가정에서는 주말이나 명절에 전통적인 식사 방식을 재현하며 규칙과 예절을 다시금 실천하고 있고, 학교에서도 테이블 매너 교육 프로그램을 도입해 자녀들에게 영국의 전통 가치를 전승하려는 시도가 활발히 이루어지고 있습니다.

미래의 밥상머리는 전통을 유지하면서도 글로벌 시대의 요구를 반영해야 합니다. 세계 각국의 음식을 경험하며 다문화 감수성을 기르고, 제철 재료와 친환경 식습관을 통해 지속 가능성의 중요성을 전달하는 것도 가능합니다. 예를 들어, 매달 한 번씩 다른 나라의 요리를 만들어보며 문화를 이해하는 활동은 개방적 사고를 길러주는 좋은 방법이 될 수 있습니다.

영국의 밥상머리는 인간관계와 삶의 본질을 배우는 중요한 교육의 장입니다. 작은 대화와 행동들이 모여 사회 전체에 긍정적인 변화를 가져올 수 있으며, 밥상머리가 다시금 가정의 중심으로 자리 잡기를 기대합니다. 특히 현대사회에서 정서적 결핍과 소통 단절이 심각한 문제로 대두되는 가운데, 규칙과 예절이 공존하는 영국식 밥상머리는 아이들의 정서적 안정과 사회성 발달에 귀중한 역할을 수행할 수 있습니다. 가족이 함께 규칙을 지키며 따뜻한 대화를 나누는 시간은 아이들에게 안전감과 소속감을 주며, 건강한 인격 형성의 바탕이 됩니다. 이처럼 일상 속에서 자연스럽게 실천되는 예절과 소통은 미래 세대에게 필수적인 리더십과 글로벌 감각을 동시에 기를 수 있는 강력한 교육적 힘이 됩니다.

12. 독일의 밥상머리

독일의 밥상머리는 단순히 음식을 먹는 공간을 넘어, 시간 관리와 균형 잡힌 식단, 효율성과 책임감 같은 핵심 가치를 배우고 실천하는 중요한 교육의 장입니다. 이곳에서 자녀는 규칙적이고 체계적인 생활 방식을 익히며, 사회 구성원으로서 필요한 덕목을 자연스럽게 습득합니다.

독일 밥상머리의 가장 큰 특징은 시간을 엄격히 지키는 문화

입니다. 독일인들은 약속된 식사 시간에 가족이 함께 모여 식사하는 것을 중요하게 여깁니다. 이를 통해 자녀는 계획적으로 행동하고 책임감을 갖는 법을 배우며, 타인에 대한 예의로서 시간을 지키는 습관을 익히게 됩니다. 이러한 태도는 미래 사회에서 신뢰를 쌓는 데 큰 도움이 됩니다.

또 한 가지 중요한 요소는 균형 잡힌 식단의 실천입니다. 독일에서는 건강한 삶을 위해 다양한 영양소를 고루 섭취하는 것을 중시합니다. 아침에는 과일과 통곡물빵, 저녁에는 고기와 야채, 감자 등이 조화를 이루며, 자녀는 낭비 없이 음식을 소중히 여기는 마음도 함께 배웁니다. 이를 통해 환경 보호와 지속 가능성에 대한 인식도 자연스럽게 키워집니다.

효율성과 책임감도 독일 밥상머리의 핵심 가치입니다. 식사 준비와 정리는 가족 모두가 참여하며, 각자 맡은 역할을 책임감 있게 수행합니다. 어린 자녀도 간단한 일을 맡아 공동체 의식과 실용적인 문제 해결 능력을 기르게 됩니다. 이런 경험은 자녀가 미래에 효율적이고 생산적인 삶을 살아가는 데 중요한 기반이 됩니다.

현대 사회에서는 바쁜 일상과 디지털 기기 사용으로 인해 전통적인 밥상머리 문화가 약화되고 있지만, 이를 되살리려는 노력도 늘고 있습니다. 일부 가정에서는 주말이나 명절에 가족이 함께 모여 시간을 지키며 전통 식사를 즐기는 활동을 통해 밥상머리의 의미를 회복하려 하고 있습니다. 또한 학교에서도 독일의 식사 문화와 가치관을 교육하는 프로그램이 확산되고 있습니다.

미래의 밥상머리는 전통을 유지하면서 글로벌 시대의 요구를 반영해야 합니다. 세계 각국의 음식을 경험하며 다문화 감수성을 기르고, 제철 재료나 친환경 식습관을 통해 지속 가능성의 중요성을 전달하는 것도 가능합니다. 예를 들어, 매달 한 번씩 다른 나라의 요리를 만들어보며 그 문화를 이해하는 활동은 개방적 사고를 키우는 데 효과적입니다.

독일의 밥상머리는 인간관계와 삶의 본질을 배우는 종합적인 교육의 장입니다. 작은 대화와 행동들이 모여 사회 전체에 긍정적인 변화를 가져올 수 있으며, 밥상머리가 다시금 가정의 중심으로 자리 잡기를 기대합니다. 특히 독일식 밥상머리는 질서와 책임, 그리고 실용성을 바탕으로 아이들에게 안정감과 예측 가능한 환경을 제공함으로써 정서적 균형과 사회성 발달에도 긍정적인 영향을 미칩니다. 가족이 함께 시간을 지키며 규칙을 실천하는 식사 문화는 아이들의 자기 통제 능력과 공동체 의식을 동시에 키워주는 강력한 교육적 도구라 할 수 있습니다.

13. 스웨덴의 밥상머리

스웨덴의 밥상머리는 단순히 식사를 위한 공간을 넘어, 가족 간의 감정 교류와 공동체 의식을 키우는 소중한 교육의 장입니다. 이곳에서는 음식을 함께 나누는 행위 자체가 정서적 안정과 인간관계의 기초를 다지는 중요한 순간으로 여겨집니다. 부모는 식사 시간 동안 자녀에게 자신의 감정을 솔직하게 표현하고, 타인의 감정을 이해하고 공감하는 모습을 보여줍니다. 자녀는 이러한 대화를 통해 감정을 건강하게 관리하고, 타인의 입장을 이해하는 능력을 자연스럽게 익히게 됩니다.

밥상머리는 또한 자녀에게 협동심과 책임감을 가르치는 공간입니다. 가족이 함께 요리를 준비하고 식사를 나누는 과정에서 자녀는 각자의 역할을 맡으며 협력의 가치를 체득합니다. 간단한 재료 손질이나 테이블 세팅 같은 작은 일도 자녀에게는 중요한 책임감의 시작이 됩니다. 부모는 "함께하면 더 큰 성취를 이룰 수 있다"는 메시지를 행동으로 보여주며, 자녀는 이를 통해 공동체 속에서의 역할과 기여의 의미를 배웁니다.

스웨덴의 식문화는 창의력과 문제 해결 능력을 키우는 데에도 기여합니다. 계절에 따라 달라지는 재료를 활용해 새로운 요리를 시도하는 과정은 자녀에게 실험적이고 창의적인 사고를 유도합니다. 예를 들어, 겨울에는 저장 식재료로 따뜻한 스튜를 만들고, 여름에는 신선한 과일로 디저트를 준비하는 경험은 자녀가 다양한 가능성을 탐색하고 창의적으로 문제를 해결하는 능력을 기르는 데 도움이 됩니다.

환경 보호와 지속 가능한 삶의 실천도 스웨덴 밥상머리의 중요한 가치입니다. 플랜트 베이스드 식단을 장려하거나 남은 음식을 재활용하는 문화는 자녀에게 자원을 아끼고 환경을 보호하는 태도를 자연스럽게 가르칩니다. 부모는 음식 낭비의 문제를 설명하고, 자녀는 이를 통해 지속 가능한 삶의 중요성을 인식하게 됩니다.

전통과 문화의 계승 또한 밥상머리에서 이루어집니다. 루트 피스크나 얀손스 프레스텔세 같은 전통 요리를 함께 만들고 그 유래를 이야기하는 과정은 자녀가 자신의 문화적 뿌리를 이해하고 자부심을 느끼는 계기가 됩니다. 이는 더 나아가 다른 문화를 존중하고 이해하는 태도로 확장됩니다.

현대 사회에서 글로벌 감수성은 필수적인 역량이 되었고, 스웨덴의 밥상머리는 이를 기를 수 있는 좋은 기회를 제공합니다. 한 달에 한 번 다른 나라의 전통 음식을 만들어보며 그 문화를 배우는 활동은 자녀에게 열린 사고와 다양성에 대한 이해를 심어줍니다. 동시에 제철 재료를 활용하거나 남은 음식을 재창조하는 과정은 환경을 소중히 여기는 태도를 길러줍니다.

무엇보다 스웨덴의 밥상머리는 자녀에게 정신적 안정과 내면의 평화를 제공하는 공간입니다. 식사 시간은 하루의 피로를 풀고 마음을 다스리는 시간으로 여겨지며, 부모는 자녀가 여유롭게 식사를 즐기며 감사와 기쁨을 표현하도록 이끕니다. 이는 자녀가 스트레스를 관리하고 균형 잡힌 삶을 살아가는 데 중요한 기반이 됩니다.

스웨덴의 밥상머리는 단순한 식사 공간을 넘어 자녀의 정서적 성장, 공동체 의식, 창의력, 환경 의식, 문화적 정체성까지 아우르는 종합적인 교육의 장입니다. 이 작은 공간에서 시작된 따뜻한 대화와 실천은 자녀가 더 나은 사회 구성원으로 성장하는 데 큰 밑거름이 되며, 결국 우리 모두의 미래를 밝히는 힘이 될 것입니다.

14. 스페인의 밥상머리

스페인의 밥상머리는 단순한 식사 공간을 넘어, 여유와 즐거움을 실천하며 사회적 관계를 형성하는 중요한 교육의 장입니다. 긴 식사 시간 동안 가족과 친구, 지역사회 구성원들이 함께 모여 대화를 나누고 감정을 공유하는 이 문화는 개인의 정서적 성장과 공동체 의식 형성에 깊은 영향을 미칩니다.

　스페인의 식사는 하루 중 가장 중요한 활동 중 하나로 여겨지며, 특히 점심 식사(La comida)는 여러 코스로 구성되어 천천히 즐기는 것이 일반적입니다. 이 과정에서 음식은 단순한 영양 섭취를 넘어, 사람들 사이의 소통을 이끄는 매개체가 됩니다. 아이들은 식탁에서 자연스럽게 대화의 기술을 배우고, 타인의 의견을 경청하며 공감하는 법을 익히게 됩니다.

　이러한 긴 식사 시간은 스페인 사람들이 중시하는 '여유'의 가치를 반영합니다. 바쁜 일상 속에서도 식사 시간만큼은 서두르지 않고, 식후 커피나 디저트를 즐기며 대화를 이어가는 '소브레메사(Sobremesa)' 문화는 현재의 순간을 소중히 여기는 삶의 태도를 보여줍니다. 이는 스트레스를 완화하고 정신적 안정을 도모하는 데에도 긍정적인 영향을 미칩니다.

즐거움 또한 스페인 밥상머리의 핵심 가치입니다. 타파스(Tapas) 문화처럼 다양한 음식을 나누며 새로운 맛을 경험하는 과정은 단순한 식사를 넘어, 삶의 기쁨을 나누는 축제와도 같습니다. 지역 축제나 가족 모임에서는 전통 요리와 음료를 함께 즐기며 공동체의 유대감을 강화하고, 세대 간의 소통을 촉진합니다.

밥상머리는 또한 전통과 현대가 조화를 이루는 공간입니다. 파에야(Paella)처럼 지역 전통 요리가 현대적 감각으로 재해석되며, 자녀들은 부모나 조부모로부터 요리법을 배우고 자신만의 방식으로 창의적으로 시도해보는 경험을 통해 문화적 정체성과 창의력을 동시에 키워갑니다.

스페인의 식문화는 환경과 지역 경제를 고려한 지속 가능한 삶의 실천이기도 합니다. 지역에서 생산된 신선한 재료를 활용하고, 남은 음식을 재활용하는 습관은 자녀에게 환경 보호의 중요성을 자연스럽게 가르칩니다. 로컬 푸드 운동과 같은 실천은 자연과 인간의 공존을 위한 교육적 기회로 작용합니다.

건강한 식습관 역시 스페인 밥상머리의 중요한 요소입니다. 지중해 식단은 신선한 채소, 해산물, 올리브 오일 등을 중심으로 구성되어 있으며, 이는 심혈관 건강에 긍정적인 영향을 미칩니다. 천천히 음식을 섭취하는 습관은 과식을 방지하고 소화를 돕는 데에도 효과적입니다.

음식은 또한 정체성과 자존감을 형성하는 데 중요한 역할을 합니다. 어린 시절의 맛은 성인이 되어서도 기억 속에 남아 자신의 뿌리를 확인하게 하며, 다문화 환경 속에서도 자녀가 자신의 문화에 대한 자부심을 갖고 타 문화를 존중하는 태도를 기를 수 있도록 돕습니다.

결국 스페인의 밥상머리는 여유와 즐거움, 공동체 의식, 창의성, 지속 가능성, 건강, 정체성 등 다양한 가치를 실천하고 배우는 종합적인 교육의 공간입니다. 이 작은 식탁 위에서 나누는 대화와 경험은 개인의 성장을 넘어 사회 전체의 조화로운 발전을 이끄는 원동력이 됩니다.

15. 덴마크의 밥상머리

덴마크의 밥상머리는 단순히 음식을 나누는 공간을 넘어, '휘게(Hygge)'라는 독특한 문화적 개념을 실천하는 중요한 장소입니다. 휘게는 안락함, 따뜻함, 그리고 소소한 행복을 의미하

며, 덴마크 사람들은 이를 일상 속에서 적극적으로 추구합니다. 특히 식사 시간은 휘게를 가장 잘 느낄 수 있는 순간으로, 가족이나 친구들과 함께 따뜻한 조명 아래에서 간단하지만 정성스러운 음식을 나누며 감정을 교류하는 시간이 됩니다.

덴마크의 밥상머리는 감정적 유대와 정서적 안정의 공간입니다. 겨울 저녁, 가족이 모여 에블레스키버(Ebelskiver)와 따뜻한 차를 나누며 대화를 나누는 모습은 휘게의 전형적인 예입니다. 이러한 경험은 아이들에게 감정을 표현하고 타인과 따뜻한 관계를 맺는 법을 자연스럽게 가르치며, 정서적 안정감을 형성하는 데 큰 역할을 합니다.

행복과 안락함은 덴마크 식문화의 핵심 가치입니다. 덴마크가 세계에서 가장 행복한 나라 중 하나로 꼽히는 이유는 휘게를 중심으로 한 식사 문화와 밀접한 관련이 있습니다. 식사 시간 동안 형성되는 편안한 분위기는 스트레스를 줄이고 정신적 안정을 도모하며, 특히 겨울철에는 우울감을 극복하는 데 큰 도움이 됩니다. 크리스마스 시즌에 즐기는 플레스케스테그(Flæskesteg)와 글뢰긴(Gløgg)은 계절의 추위를 잊게 하고 마음을 따뜻하게 해줍니다.

덴마크의 밥상머리는 공동체 의식을 강화하는 공간이기도 합니다. 주말이나 특별한 날에 가족과 친구들이 모여 함께 식사하는 전통은 사회적 유대감을 높이고, 세대 간의 소통을 촉진합니다. 이러한 문화는 개인 간의 신뢰를 쌓고, 지역사회 전체의 결속력을 강화하는 데 기여합니다.

건강과 지속 가능성에 대한 인식도 덴마크 밥상머리에서 형성됩니다. 덴마크 사람들은 제철 재료와 지역 농산물을 활용해 건강한 식단을 유지하며, 환경 보호에도 기여합니다. 대표적인 예로 스모어브뢰드(Smørrebrød)는 간단하면서도 영양가 높은 오픈 샌드위치로, 건강한 한 끼 식사로 사랑받고 있습니다. 로컬 푸드 운동과 채식 식단의 확산은 지속 가능한 소비 문화를 형성하고 있으며, 자녀들은 이를 통해 책임 있는 소비와 환경 보호의 중요성을 자연스럽게 배우게 됩니다.

창의성과 실용성 역시 덴마크 밥상머리에서 빼놓을 수 없는 가치입니다. 전통 요리를 현대적으로 재해석하는 시도는 덴마크 요리의 특징이며, 이는 아이들에게 창의적 사고와 문제 해결 능력을 길러주는 기회가 됩니다. 또한 스칸디나비아 디자인이 반영된 식탁 세팅은 단순함 속에서도 미적 감각을 키우는 데 도움을 줍니다.

덴마크의 밥상머리는 정체성과 자존감을 형성하는 데도 중요한 역할을 합니다. 어린 시절의 음식 경험은 성인이 되어서도 정체성을 확인하는 매개체가 되며, 다문화 환경 속에서도 자신의 뿌리를 자랑스럽게 여기는 태도를 길러줍니다. 동시에 타 문화를 존중하고 수용하는 열린 마음도 함께 자라납니다.

덴마크의 밥상머리는 휘게를 실천하며 감정 교류, 공동체 의식, 건강, 창의성, 지속 가능성 등 다양한 가치를 배우고 실천하는 삶의 중심 공간입니다. 이 작은 식탁 위에서 나누는 따뜻한 순간들은 개인의 행복은 물론, 사회 전체의 조화로운 발전을 이끄는 원동력이 됩니다. 오늘날의 바쁜 일상 속에서도 덴마크의 밥상머리는 여전히 삶의 본질을 되새기게 하는 소중한 공간으로 남아 있습니다.

16. 네덜란드의 밥상머리

　네덜란드의 밥상머리는 단순한 식사 공간을 넘어, 개인의 독립성과 실용적 사고, 그리고 의견 존중이라는 핵심 가치를 배우는 교육의 장입니다. 이곳에서는 가족 구성원 간의 자유로운 대화와 현실적인 문제 해결이 자연스럽게 이루어지며, 자녀가 자기 주도적이고 책임감 있는 시민으로 성장하는 데 중요한 역할을 합니다.

　네덜란드 가정의 식사 시간은 평등한 소통의 공간입니다. 부모와 자녀는 식탁에서 각자의 생각을 자유롭게 표현하며, 어린아이의 의견도 진지하게 경청됩니다. 이러한 문화는 자녀에게 자신감을 심어주고, 타인의 관점을 존중하는 태도를 길러줍니다. 갈등이 생기더라도 회피하지 않고 대화를 통해 해결하려는 태도는 문제 해결 능력과 협상력을 키우는 데 큰 도움이 됩니다.

실용성은 네덜란드 식문화의 또 다른 특징입니다. 화려하거나 과시적인 요리보다는, 지역 재료를 활용한 간단하고 영양가 있는 음식이 선호됩니다. 예를 들어, 에르턴수프(Erwtensoep)나 스탐포트(Stamppot) 같은 전통 요리는 계절에 맞는 재료로 구성되어 있으며, 조리법도 간단합니다. 이러한 식사는 자녀에게 불필요한 과정을 줄이고 본질에 집중하는 사고방식을 자연스럽게 가르칩니다.

독립성 역시 네덜란드 밥상머리에서 강조되는 가치입니다. 아이들은 어릴 때부터 자신의 식사를 준비하거나 선택하는 경험을 하며, 부모는 이를 존중하고 격려합니다. 이는 자녀가 자신의 선택에 책임을 지고, 스스로의 삶을 설계하는 능력을 기르는 데 중요한 기반이 됩니다. 식사 시간은 단순한 돌봄의 시간이 아니라, 자율성과 책임감을 키우는 훈련의 장이기도 합니다.

네덜란드의 식사 문화는 또한 현실적인 문제 해결 능력을 기르는 데 기여합니다. 가족은 식사 중 일상에서 겪은 문제를 공유하고, 함께 해결책을 모색합니다. 이는 자녀가 문제를 회피하지 않고 직면하며, 실질적인 해결 방안을 찾는 능력을 키우는 데 도움이 됩니다. 계절이나 상황에 따라 식단을 유연하게 조정하는 습관도 변화에 적응하는 유연한 사고를 길러줍니다.

공동체 의식 또한 네덜란드 밥상머리에서 중요한 역할을 합니다. 가족 간의 소통은 물론, 지역사회에서 열리는 공동 식사나 축제를 통해 다양한 사람들과의 관계를 형성하고 유지합니다. 이는 개인주의적 성향 속에서도 협력과 연대의 가치를 배우는 기회를 제공합니다.

건강과 지속 가능성에 대한 인식도 식탁 위에서 실천됩니다. 제철 재료와 지역 농산물을 활용한 식사는 환경 보호와 건강한 식습관을 동시에 실현합니다. 최근에는 채식과 비건 식단이 확산되며, 다양한 문화에서 영감을 받은 요리들이 등장하고 있습니다. 이는 자녀에게 책임 있는 소비와 환경에 대한 감수성을 키워주는 계기가 됩니다.

네덜란드의 밥상머리는 단순한 식사 공간을 넘어, 자녀가 독립적이고 실용적인 사고를 갖춘 시민으로 성장하는 데 필요한 다양한 가치를 배우는 장소입니다. 이곳에서 이루어지는 대화와 경험은 개인의 성장을 넘어, 사회 전체의 건강한 발전을 이끄는 밑거름이 됩니다. 밥상머리에서 시작된 작은 실천이 결국 더 나은 미래를 만들어가는 힘이 될 수 있음을 기억해야 합니다.

17. 노르웨이의 밥상머리

　노르웨이의 밥상머리는 단순한 식사 공간을 넘어, 자연 존중과 지속 가능한 삶이라는 핵심 가치를 실천하는 교육의 장입니다. 이곳에서는 계절 음식과 현지 재료를 활용한 식사를 통해 자연과의 조화로운 관계를 배우며, 이는 개인의 삶뿐 아니라 사회 전체의 지속 가능성에도 긍정적인 영향을 미칩니다.

　노르웨이는 긴 겨울과 짧은 여름이라는 기후 특성상, 제철 재료의 중요성이 큽니다. 여름에는 딸기와 블루베리 같은 신선한 과일이, 가을에는 사냥한 고기나 버섯이 식탁을 채웁니다. 이러한 계절 음식은 단순한 영양 섭취를 넘어, 자연의 순환을 이해하고 존중하는 태도를 길러줍니다. 아이들은 부모와 함께 재료를 고르고 요리를 준비하며, 자연의 변화와 그 소중함을 체감하게 됩니다.

현지 재료 활용도 중요한 특징입니다. 바다와 산, 농장에서 얻은 재료로 만든 그라브락스(Gravlaks)나 포리콜(Fårikål) 같은 전통 요리는 지역 경제를 지원하고, 환경 부담을 줄이는 지속 가능한 식문화를 보여줍니다. 이는 수입 식품에 대한 의존을 줄이고, 자원을 효율적으로 사용하는 삶의 방식을 자연스럽게 교육하는 효과가 있습니다.

노르웨이의 식문화는 또한 공동체 의식을 강화합니다. 계절별 수확이나 사냥 시즌에는 가족과 이웃이 함께 모여 재료를 준비하고 음식을 나누며 유대감을 쌓습니다. 이러한 경험은 협력과 소통의 가치를 배우는 기회가 되며, 세대 간의 이해를 넓히는 데도 기여합니다.

지속 가능성은 노르웨이 밥상머리의 핵심 가치 중 하나입니다. 라크피스크(Rakfisk)나 건조 생선처럼 전통적인 저장 방식은 자원을 아끼고 음식물 낭비를 줄이는 지혜를 담고 있습니다. 이러한 전통은 현대에도 계승되며, 자녀들에게 환경 보호와 책임 있는 소비의 중요성을 자연스럽게 전달합니다.

건강한 식습관 역시 중요한 요소입니다. 생선과 해산물 중심의 식단은 오메가-3 등 필수 영양소를 제공하며, 신선한 채소와 과일은 면역력과 전반적인 건강을 증진시킵니다. 노르웨이 사람들은 이러한 식습관을 일상 속에서 실천하며, 건강과 환경을 동시에 고려하는 삶을 살아갑니다.

노르웨이의 밥상머리는 창의성과 실용성도 함께 키우는 공간입니다. 전통 요리를 현대적으로 재해석하거나, 새로운 재료를 활용해 실험적인 요리를 시도하는 과정은 자녀에게 창의적 사고와 문제 해결 능력을 길러줍니다. 또한 식탁을 꾸미는 방식에서도 북유럽 특유의 미니멀한 미적 감각이 반영되어, 음식과 공간을 함께 즐기는 문화가 형성됩니다.

결국 노르웨이의 밥상머리는 자연과 인간의 조화를 실천하고, 지속 가능한 삶의 방식을 배우는 중요한 장소입니다. 이곳에서 이루어지는 경험은 자녀에게 환경에 대한 책임감과 공동체 의식을 심어주며, 노르웨이의 문화적 정체성을 형성하는 데 핵심적인 역할을 합니다. 단순한 식사를 넘어, 삶의 본질적인 가치를 배우고 실천하는 학습의 장으로서, 노르웨이의 밥상머리는 오늘날에도 여전히 중요한 의미를 지니고 있습니다.

아프리카와 오세아니아

18. 에티오피아의 밥상머리

　에티오피아의 밥상머리는 단순한 식사 공간을 넘어, 공동체 의식과 평등, 협동이라는 가치를 배우고 실천하는 교육의 장입니다. 이곳에서 자녀는 가족과 함께 음식을 나누며 타인을 배려하고, 사회 구성원으로서의 책임감을 자연스럽게 익히게

됩니다.

　에티오피아의 대표적인 전통 음식인 '인제라(Injera)'는 이 밥상머리 문화를 상징합니다. 하나의 큰 접시에 담긴 인제라와 다양한 반찬을 손으로 함께 나눠 먹는 방식은 공동체 중심의 문화를 반영합니다. 이 과정에서 자녀는 음식을 나누는 행위를 통해 협력과 배려, 평등의 가치를 체득하게 됩니다. 나이, 성별, 지위에 관계없이 모두가 같은 음식을 함께 먹는 모습은 평등한 사회를 지향하는 에티오피아의 철학을 잘 보여줍니다.

　식사 준비 과정에서도 협동은 중요한 요소입니다. 가족 구성원은 각자의 역할을 맡아 음식을 준비하고, 어린 자녀도 간단한 일을 도우며 책임감을 배웁니다. 이러한 경험은 자녀가 가정뿐 아니라 사회에서도 협력하고 기여하는 태도를 기르는 데 큰 도움이 됩니다. 밥상머리는 단순한 식사 시간이 아니라, 공동체 속에서 함께 살아가는 법을 배우는 실천의 장이 됩니다.

　에티오피아의 밥상머리는 또한 자연과 생명의 소중함을 배우는 공간입니다. 인제라의 주재료인 테프(Teff)는 지속 가능한 농업의 상징으로, 부모는 자녀에게 음식이 어디서 왔는지, 어떻게 준비되었는지를 설명하며 자연에 대한 감사와 존중을 가르칩니다. 음식을 남기지 않고 소중히 여기는 태도는 자원을 아끼고 환경을 보호하는 삶의 자세로 이어집니다. 이는 자녀가 환경과 조화롭게 살아가는 삶의 태도를 형성하는 데 중요한 역할을 합니다.

현대화와 도시화로 인해 전통적인 밥상머리 문화는 변화하고 있지만, 이를 되살리려는 노력도 이어지고 있습니다. 일부 가정에서는 주말마다 전통 요리를 함께 만들고, 명절에는 가족이 모여 인제라를 나누며 공동체의 의미를 되새깁니다. 학교에서는 공동체 의식과 전통 식문화를 배우는 프로그램을 운영하며, 다음 세대에게 소중한 가치를 전하고 있습니다.

미래의 에티오피아 밥상머리는 전통을 지키면서도 세계와 소통하는 방향으로 나아가야 합니다. 다양한 나라의 음식을 경험하며 다문화 감수성을 키우고, 제철 재료를 활용해 친환경적인 식습관을 실천하는 활동은 자녀에게 열린 사고와 지속 가능한 삶의 중요성을 가르치는 좋은 기회가 됩니다. 남은 음식을 활용해 새로운 요리를 만드는 과정은 창의력과 문제 해결 능력을 키우는 데도 도움이 됩니다.

결국, 에티오피아의 밥상머리는 단순한 식사를 넘어 삶의 본질을 배우는 공간입니다. 이곳에서 이루어지는 대화와 나눔, 협력의 경험은 자녀가 건강한 사회 구성원으로 성장하는 데 중요한 밑거름이 되며, 우리 모두의 미래를 밝히는 힘이 됩니다.

밥상머리에서 시작된 작은 실천이 결국 더 나은 사회를 만들어 가는 원동력이 될 수 있음을 기억해야 합니다.

19. 호주의 밥상머리

　호주의 밥상머리는 단순한 식사 공간을 넘어, 자연과의 교감 속에서 자유로움과 창의성을 실천하는 교육의 장입니다. 광활한 자연환경과 온화한 기후 덕분에 야외에서의 식사는 호주인의 일상이며, 이는 개인의 자율성과 공동체 의식을 동시에 키우는 중요한 문화적 경험으로 자리 잡고 있습니다.

주말이나 공휴일이면 가족과 친구들이 해변, 공원, 뒷마당에 모여 바비큐를 즐깁니다. 이때 음식은 단순한 섭취 대상이 아니라, 함께 만들고 나누는 과정 속에서 협력과 소통을 배우는 매개체가 됩니다. 바비큐 그릴 위에서 고기나 채소를 직접 굽고 양념을 선택하는 과정은 창의적 사고를 자극하며, 아이들은 이를 통해 자율성과 책임감을 자연스럽게 익힙니다.

호주의 식사 문화는 형식에 얽매이지 않는 자유로운 분위기를 중시합니다. 정해진 순서나 예절보다는 각자의 방식대로 음식을 즐기며, 이는 개인의 다양성을 존중하는 호주의 가치관을 반영합니다. 특히 야외 식사는 도시의 일상에서 벗어나 자연과 교감할 수 있는 기회를 제공하며, 정신적 안정과 평화를 추구하는 삶의 태도를 보여줍니다.

다문화 사회인 호주에서는 다양한 이민자들의 음식이 자연스럽게 융합되어 새로운 요리 문화가 형성됩니다. 아시아, 지중해, 중동 등 다양한 지역의 요리가 호주식 바비큐와 결합되며, 이는 창의성과 문화적 포용력을 동시에 키우는 계기가 됩니다. 아이들은 이러한 환경 속에서 다양한 문화를 이해하고 존중하는 태도를 배우며, 글로벌 시민으로 성장할 수 있는 기반을 마련합니다.

또한 호주의 밥상머리는 자연과의 연결을 강조합니다. 많은 가정에서는 지역 농산물이나 직접 재배한 채소를 활용해 식사를 준비하며, 이는 환경 보호와 지속 가능한 삶의 중요성을 실천하는 방식이기도 합니다. 야외에서 식사를 하며 자연의 소중함을 체감하는 경험은 자녀에게 환경에 대한 책임감을 심어주는 데 효과적입니다.

공동체 의식 역시 호주 밥상머리의 중요한 가치입니다. 커뮤니티 바비큐나 지역 축제는 다양한 배경을 가진 사람들이 모여 음식을 나누고 교류하는 장으로, 세대와 문화를 아우르는 소통의 기회를 제공합니다. 이러한 경험은 아이들에게 협력과 배려의 중요성을 가르치며, 사회적 유대감을 형성하는 데 기여합니다.

건강한 생활 방식도 호주 식문화의 핵심입니다. 야외 활동과 결합된 식사는 자연스럽게 신체 활동을 유도하고, 신선한 공기와 햇빛은 정신 건강에도 긍정적인 영향을 미칩니다. 또한 지역에서 생산된 신선한 재료를 활용한 식사는 영양 균형을 유지하는 데 도움이 됩니다.

호주의 밥상머리는 자유로움과 창의성, 공동체 의식, 자연 존중이라는 가치를 실천하는 공간입니다. 이곳에서 이루어지는 다양한 경험은 자녀의 전인적 성장뿐 아니라, 호주 사회 전체의 포용성과 지속 가능성을 강화하는 데 중요한 역할을 합니다. 단순한 식사를 넘어, 삶의 본질을 배우고 실천하는 학습의 장으로서 호주의 밥상머리는 오늘날에도 여전히 깊은 의미를 지니고 있습니다.

20. 뉴질랜드의 밥상머리

뉴질랜드의 밥상머리는 단순한 식사 공간을 넘어, 삶의 가치를 배우고 실천하는 교육의 장으로 자리매김하고 있습니다. 특히 마오리 전통 요리인 행기(Hangi)는 뉴질랜드 식문화의 상징으로, 공동체 의식, 전통 존중, 자연과의 조화를 실천하는 대표적인 사례입니다. 이 전통은 단순한 조리법을 넘어, 세대 간의 소통과 문화적 정체성 형성에 깊은 영향을 미치고 있습니다.

행기는 땅속에 돌을 달군 후, 고기, 감자, 고구마, 채소 등을 천으로 감싸 넣고 오랜 시간 동안 천천히 찌는 방식으로 조리됩니다. 이 과정은 단순한 요리 활동이 아니라, 가족과 이웃이 함께 모여 준비하고 나누는 공동체적 경험입니다. 아이들은 어른들과 함께 나무를 모으고, 재료를 손질하며, 땅을 파고 덮는 과정을 통해 자연의 순환과 조화를 몸소 체험합니다. 이는 단순한 요리 수업을 넘어, 협력, 인내, 책임감을 배우는 살아 있는 교육이 됩니다.

뉴질랜드의 밥상머리에서는 전통 존중이 중요한 가치로 자리 잡고 있습니다. 많은 가정에서는 특별한 날이나 축제에 행기를 준비하며, 마오리 조상들의 지혜와 삶의 방식을 기립니다. 또한 현대에는 전통 요리를 현대적인 방식으로 재해석해 일상 속에서도 쉽게 접할 수 있도록 하는 시도들이 이어지고 있습니다. 이는 자녀들에게 문화적 뿌리와 정체성을 인식하게 하고, 다문화 사회 속에서 자신의 문화와 타인의 문화를 동시에 존중하는 태도를 기르는 데 기여합니다.

자연과의 조화 또한 뉴질랜드 밥상머리 문화의 핵심입니다.

행기는 자연의 자원을 활용한 지속 가능한 조리 방식으로, 많은 가정에서는 지역 농산물이나 직접 재배한 재료를 사용합니다. 이는 자녀에게 환경 보호와 생태적 책임에 대한 인식을 심어주는 계기가 되며, 자연과 인간이 조화를 이루며 살아가는 삶의 방식을 자연스럽게 체득하게 합니다.

이러한 밥상머리 문화는 공동체 의식을 강화하는 데도 큰 역할을 합니다. 마오리 마을의 축제나 가족 모임에서 행기를 함께 준비하고 나누는 경험은 사람들 간의 유대감을 높이고, 세대 간의 소통을 촉진합니다. 특히 조리 과정에서 각자의 역할이 분명히 나뉘고, 서로의 기여를 존중하는 분위기 속에서 자녀는 협력과 배려의 가치를 자연스럽게 익히게 됩니다.

건강한 식습관 역시 뉴질랜드 식문화의 중요한 요소입니다. 행기나 해산물 중심의 식단은 신선한 재료와 균형 잡힌 영양을 바탕으로 하며, 가공식품의 사용을 최소화합니다. 이는 현대 사회에서 점점 더 중요해지는 건강한 생활 방식을 실천하는 데 기여하며, 자녀에게도 긍정적인 영향을 미칩니다.

또한 뉴질랜드의 밥상머리는 창의성과 실험 정신을 키우는 공간이기도 합니다. 다양한 문화가 공존하는 사회적 배경 속에서, 전통 요리와 세계 각국의 요리법이 융합되어 새로운 메뉴가 탄생합니다. 이러한 과정은 자녀에게 창의적 사고와 문제 해결 능력을 길러주는 기회가 되며, 식문화를 통해 다양성과 포용의 가치를 배우게 합니다.

뉴질랜드의 밥상머리는 단순한 식사를 넘어 삶의 본질을 배우는 공간입니다. 이곳에서 이루어지는 다양한 경험은 공동체 의식, 전통 존중, 자연과의 조화, 창의성, 건강한 삶이라는 가치를 실천하게 하며, 뉴질랜드가 포용적이고 지속 가능한 사회로 나아가는 데 중요한 역할을 합니다. 밥상머리에서 시작된 이러한 작은 실천은 결국 더 나은 사회, 더 따뜻한 세계를 만들어가는 밑거름이 될 것입니다.

30장

대륙별 국가의 밥상머리 교육, 다채로운 문화 속에서 피어나는 공통된 가치

전 세계의 밥상머리는 단순히 음식을 섭취하는 공간을 넘어, 가족 간의 유대감을 형성하고 사회성을 기르며, 문화적 정체성을 계승하고 건강한 삶의 방식을 배우는 중요한 교육의 장으로 기능해 왔습니다. 각 대륙과 국가의 역사, 전통, 사회 구조에 따라 그 형태는 다양하지만, 그 안에는 인류 보편의 가치가 공통적으로 담겨 있습니다. 밥상머리는 세대 간의 지혜를 전수하고, 공동체의 일원으로서의 책임과 역할을 배우는 공간이

자, 삶의 본질을 성찰하는 소중한 시간으로 자리매김하고 있습니다.

아시아의 밥상머리는 공동체 중심의 전통과 예절이 깊이 뿌리내려 있습니다. 한국, 중국, 일본 등에서는 어른을 공경하는 문화가 식사 예절에 반영되어 있으며, 명절이나 김장처럼 가족이 함께 음식을 준비하는 과정은 협동심과 책임감을 기르는 중요한 기회가 됩니다. 정갈하게 차려진 식사를 통해 절제와 질서를 배우고, 조용하고 배려 깊은 대화를 나누는 문화는 세대 간의 정서적 유대를 강화하는 데 기여합니다.

또한 자연에 대한 감사와 음식 재료의 소중함을 배우는 것도 중요한 교육적 요소로 작용합니다. 아시아의 밥상머리는 대가족 중심의 문화 속에서 여러 세대가 함께 식사하며 공동체 의식을 함양하고, 전통 음식을 통해 문화적 정체성을 확인하는 통로가 되기도 합니다.

유럽의 밥상머리는 오랜 역사와 미식 문화가 어우러진 공간으로, 식사를 통해 문화적 정체성을 공유하고 사회적 관계를 돈독히 하는 역할을 합니다. 프랑스에서는 긴 식사 시간과 여러 코스로 구성된 식사를 통해 음식과 대화를 즐기며, 식사 자체가 하나의 예술로 여겨지기도 합니다. 이탈리아에서는 가족 중심의 식사 문화 속에서 따뜻한 정을 나누고, 식사 중 활발한 대화를 통해 자녀는 소통 능력과 공감 능력을 키워갑니다. 스페인은 타파스를 나누며 여유로운 대화를 즐기고, 스웨덴은 '피카(fika)'를 통해 커피와 함께 소소한 일상을 공유합니다. 덴마크의 '휘게(hygge)'는 따뜻하고 편안한 분위기 속에서 정서적 안정과 가족 간 유대를 강조하며, 이러한 문화는 식사를 통해 삶의 질을 높이는 데 기여합니다. 유럽의 밥상머리는 단순한 영양 섭취를 넘어, 삶의 미학과 인간관계의 본질을 배우는 공간으로 기능하고 있습니다.

아메리카 대륙의 밥상머리는 개인주의와 공동체 의식이 공존하는 특징을 보입니다. 미국과 캐나다는 다양한 이민 문화를 반영해 여러 국적의 음식을 함께 즐기며, 자유로운 분위기 속에서 각자의 의견을 나누는 식사 문화를 형성하고 있습니다. 간편식과 외식 문화가 발달했지만, 가족 간의 대화를 통해 서로의 생각과 경험을 공유하는 시간은 여전히 소중하게 여겨지고 있습니다.

남미 국가들은 가족 중심의 가치관이 강하게 나타나며, 축제나 기념일에 온 가족이 함께 음식을 준비하고 나누는 문화가 발달해 있습니다. 이러한 경험은 가족 간 유대감을 강화하고, 문화적 정체성을 공유하는 데 중요한 역할을 합니다. 아메리카의 밥상머리는 다문화적 배경 속에서 다양성을 존중하고, 서로 다른 문화를 이해하는 태도를 기르는 데 기여하고 있습니다.

아프리카의 밥상머리는 공동체 의식과 나눔의 정신이 강하게 드러나는 공간입니다. 에티오피아에서는 '인제라'라는 넓은 빵 위에 다양한 스튜를 올려 여러 사람이 함께 손으로 나누어 먹는 전통이 있으며, 이는 협력과 평등, 신뢰를 상징합니다. 음식을 함께 나누는 행위는 단순한 식사를 넘어, 공동체 구성원 간의 유대감을 강화하고, 상호 존중과 연대감을 표현하는 중요한 문화적 상징으로 작용합니다. 아프리카의 밥상머리는 가족과 이웃이 함께 모여 음식을 나누며 공동체의 일원으로서의 소속감을 확인하고, 협력과 배려의 가치를 실천하는 공간으로 기능하고 있습니다.

오세아니아의 밥상머리는 자연 친화적이고 다문화적인 특성이 강합니다. 호주는 야외 바비큐를 중심으로 가족과 친구들이 함께 모여 자유롭고 창의적인 식사를 즐기며, 이는 자율성과 공동체 의식을 동시에 키우는 기회가 됩니다. 식사 준비와 나눔의 과정에서 아이들은 자율성과 책임감을 배우고, 자연 속에서의 식사는 정신적 안정과 건강한 삶의 방식을 실천하는 계기가 됩니다. 뉴질랜드에서는 마오리 전통 요리인 '행기

(Hangi)'를 통해 자연과의 조화, 전통 존중, 협력의 가치를 실천하며, 이러한 식사 문화는 지속 가능한 삶의 방식을 배우는 데 중요한 역할을 합니다. 오세아니아의 밥상머리는 자연과 인간의 연결성을 강조하며, 다문화 사회 속에서 서로의 문화를 존중하고 이해하는 태도를 기르는 데 기여하고 있습니다.

이처럼 각 대륙과 국가의 밥상머리 문화는 그 지역의 고유한 역사와 전통을 반영하며 다양한 형태로 나타나지만, 그 안에는 가족 간의 사랑과 유대감을 확인하고, 사회성을 함양하며, 문화를 계승하고, 건강한 삶의 방식을 배우며, 함께하는 시간의 소중함을 깨닫게 하려는 인류의 보편적인 염원이 담겨 있습니다. 밥상머리는 단순한 식사 공간이 아니라, 삶의 본질을 배우고 실천하는 교육의 장입니다. 이러한 다채로운 밥상머리 문화를 이해하고 존중하는 태도는 우리 자신의 식문화에 대한 성찰을 가능하게 하며, 미래 세대에게 더욱 풍요롭고 의미 있는 가치를 전하는 데 소중한 지혜가 되어줄 것입니다.

에필로그

밥상머리에서 시작되는 변화, 그리고 미래

밥상머리는 단순히 식사를 위한 공간이 아닙니다. 그것은 가족이 하루를 마무리하며 서로의 이야기를 나누고, 감정을 공유하며, 삶의 가치를 배우는 소중한 시간입니다. 이 책은 밥상머리 교육의 중요성을 다양한 관점에서 조명하고, 시대의 변화 속에서도 그 본질적인 가치를 지켜나갈 수 있는 방법을 함께 고민하고자 했습니다.

1부에서는 밥상머리가 왜 중요한지를 살펴보았습니다. 부모의 말 한마디가 자녀의 인생을 바꾸고, 식사 시간의 대화가 아이의 정서와 사회성을 키우는 과정을 통해 밥상머리가 단순한 식사 시간이 아님을 확인할 수 있었습니다. 2부에서는 현대 사회에서 밥상머리가 점차 사라지고 있는 현실을 마주했습니다.

혼밥, 디지털 기기, 바쁜 일상, 외식 문화, 그리고 팬데믹으로 인한 거리두기까지, 밥상머리를 위협하는 요소들은 다양하지만, 그 속에서도 우리는 다시 회복할 수 있는 가능성을 발견했습니다.

3부에서는 밥상머리에서 자라는 아이들의 미래를 그려보았습니다. 자존감, 창의력, 문제 해결 능력, 다문화 감수성, 환경 의식 등 밥상머리에서 시작된 작은 대화와 경험이 아이들의 삶에 얼마나 큰 영향을 미치는지를 살펴보았습니다. 4부에서는 실천적인 방법들을 제시했습니다. 혼밥 시대에도 가능한 밥상머리 교육, 주말 프로젝트, 스토리텔링 대화법, 우리 집만의 규칙 만들기 등 일상 속에서 실현 가능한 아이디어들을 통해 누구나 밥상머리 문화를 되살릴 수 있음을 보여주었습니다.

5부에서는 미래 사회 속 밥상머리의 새로운 가능성을 제시했습니다. 4차 산업혁명 시대에도 밥상머리는 여전히 유효하며, 오히려 더욱 중요한 역할을 할 수 있습니다. 다문화 사회, 글로벌 시대, 지속 가능한 삶을 위한 교육의 출발점으로서 밥상머리는 여전히 강력한 힘을 지니고 있습니다.

마지막 6부에서는 대륙별 국가들의 밥상머리 문화를 통해 세계 각지의 다양한 식사 문화를 살펴보았습니다. 아시아의 예절과 공동체, 유럽의 미식과 대화, 아메리카의 다양성과 가족 중심 문화, 아프리카의 나눔과 연대, 오세아니아의 자연과의 조화까지, 서로 다른 문화 속에서도 밥상머리는 공통된 가치를 품고 있었습니다. 그것은 바로 '함께함'의 가치입니다.

밥상머리는 작지만 강력한 공간입니다. 그곳에서 나눈 따뜻한 말 한마디, 함께한 웃음, 나눔의 손길은 아이의 마음에 깊이 새겨지고, 평생을 살아가는 힘이 됩니다. 이 책이 독자 여러분의 가정에서도 다시금 밥상머리의 의미를 되새기고, 작지만 소중한 변화를 시작하는 계기가 되기를 바랍니다. 백 년 후에도 기억될 밥상머리의 가치를 믿으며, 오늘 저녁, 가족과 함께하는 식탁에서 그 첫걸음을 내딛어 보시길 권합니다.

출간후기

밥상머리 교육에서 시작하는
우리 아이의 미래

도서출판 행복에너지 대표이사 권선복

한 권의 책이 한 사람의 인생을 바꾸고, 나아가 세상을 변화시킨다는 굳건한 믿음으로 출판의 길을 걸어왔습니다. 오랜 세월 수많은 원고를 접하며 다양한 책을 세상에 선보였지만, 『밥상머리 교육에서 시작하는 우리 아이의 미래』를 만났을 때의 감동은 유독 특별했습니다. 이 책은 단순히 가정교육에 대한 지침서를 넘어, 오늘날 우리 사회에 절실히 필요한 희망의 등불이자 따뜻한 위로였기 때문입니다.

우리 사회는 지금, 끝없는 경쟁 속에서 길을 잃어가고 있습니다. 학교와 가정은 아이들에게 더 높은 성적과 더 나은 스펙을 요구하며, 부모들은 아이들을 성공이라는 좁은 길로만 내몰고 있습니다. 그 과정에서 우리는 정작 가장 중요한 가치를 잊고 살고 있습니다. 바로 '인간'을 기르는 교육의 본질입니다.

이 책은 바로 그 본질을 꿰뚫고 있습니다. 저자는 "가정의 밥상머리야말로 아이의 인격과 미래를 빚는 첫 교실"이라고 힘주어 말합니다. 밥상에 둘러앉아 나누는 소박한 한 끼 식사, 그 속에서 오가는 진솔한 대화와 교감이 곧 아이의 인성을 형성하고, 삶의 가치관을 심어주는 가장 강력한 교육이라는 사실을 이 책은 차분하지만 울림 깊게 일깨워줍니다.

우리 부모들은 종종 '밥상머리 교육'을 단순한 예절 교육 정도로 여기곤 합니다. 하지만 이 책을 읽으며 깨달았습니다. 밥상머리 교육은 단순히 젓가락질을 가르치고, 어른을 공경하는 법을 배우는 차원을 넘어섭니다. 그것은 아이의 작은 목소리에 귀 기울이고, 그들의 생각을 존중하며, 삶의 지혜를 나누는 소통의 장입니다. 아이들은 그 시간을 통해 자신이 사랑 받는 존재임을 깨닫고, 타인을 배려하며 더불어 사는 법을 배웁니다.

도서출판 행복에너지가 이 책을 세상에 내놓는 이유는 단 하나입니다. 우리는 이 책이 단순한 한 권의 교양서를 넘어, 무너져가는 가정을 회복시키고, 입시 경쟁에 지쳐버린 아이들에게 다시금 꿈을 불어넣어주는 소중한 마중물이 되기를 소망합니다. 특히 사춘기 자녀를 둔 부모님, 그리고 교육의 본질을 고민하며 길을 잃은 모든 분들께 이 책은 훌륭한 길잡이가 될 것입니다.

이 귀한 원고를 세상에 내주신 저자님께 깊은 감사를 드립니다. 이 책에 담긴 진심이 모든 독자의 마음에 닿아, 가정에 행복의 에너지를 채우고, 우리 아이들의 미래를 환하게 비추는 새로운 희망의 불씨가 되기를 간절히 바랍니다.

감사합니다,

좋은 **원고**나 **출판 기획**이 있으신 분은 언제든지 **행복에너지**의 문을 두드려 주시기 바랍니
ksbdata@hanmail.net www.happybook.or.kr 문의 ☎ 010-3267-6277

'행복에너지'의 해피 대한민국 프로젝트!

<모교 책 보내기 운동> <군부대 책 보내기 운동>

한 권의 책은 한 사람의 인생을 바꾸는 힘을 가지고 있습니다. 한 사람의 인생이 바뀌면 한 나라의 국운이 바뀝니다. 그럼에도 불구하고 많은 학교의 도서관이 가난하며 나라를 지키는 군인들은 사회와 단절되어 자기계발을 하기 어렵습니다. 저희 행복에너지에서는 베스트셀러와 각종 기관에서 우수도서로 선정된 도서를 중심으로 <모교 책 보내기 운동>과 <군부대 책 보내기 운동>을 펼치고 있습니다. 책을 제공해 주시면 수요기관에서 감사장과 함께 기부금 영수증을 받을 수 있어 좋은 일에 따르는 적절한 세액 공제의 혜택도 뒤따르게 됩니다. 대한민국의 미래, 젊은이들에게 좋은 책을 보내주십시오. 독자 여러분의 자랑스러운 모교와 군부대에 보내진 한 권의 책은 더 크게 성장할 대한민국의 발판이 될 것입니다.